おいしいロシア
Вкусная Россия
добавки!
おかわり
シベリカ子
Сиберикако
イースト・プレス

おいしいロシア おかわり

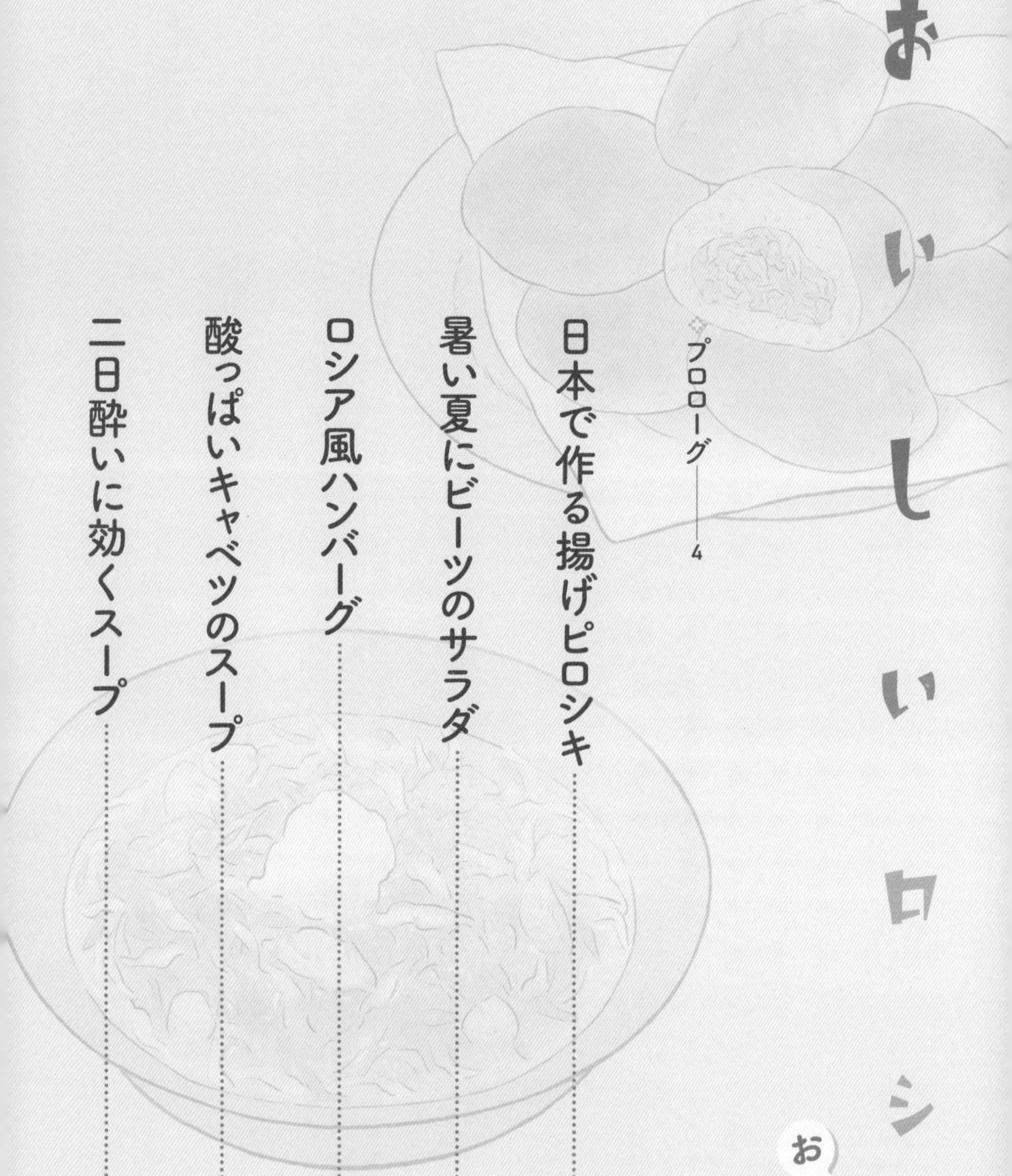

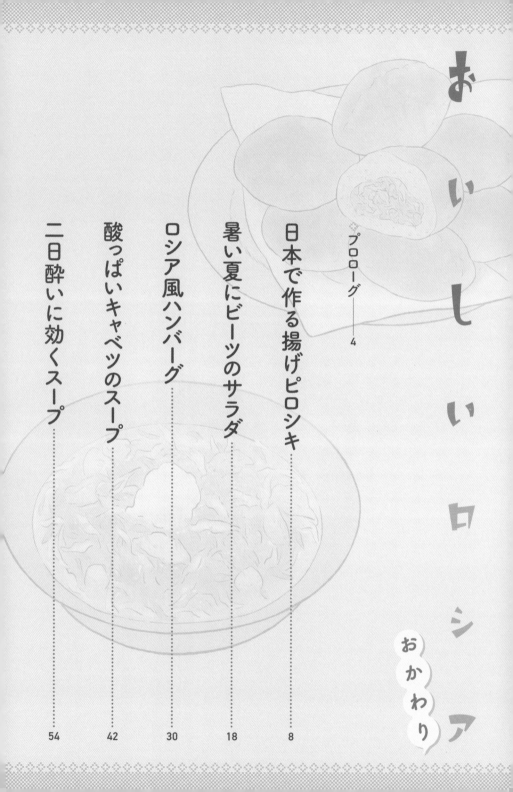

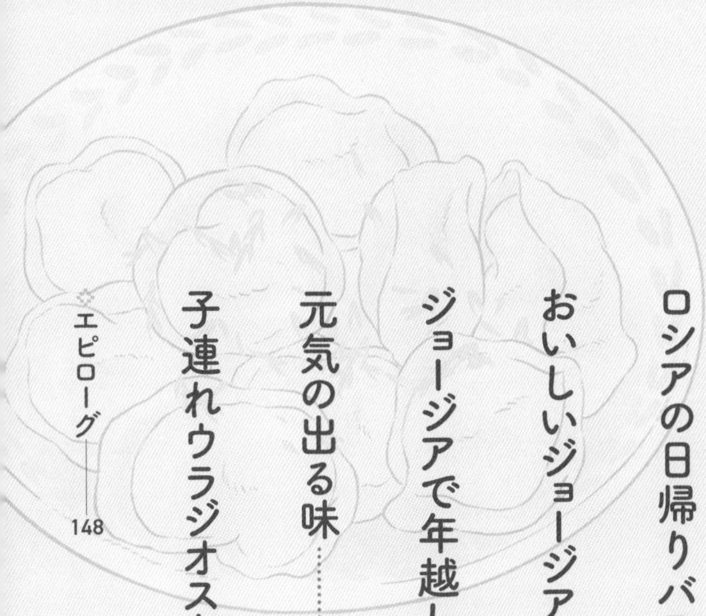

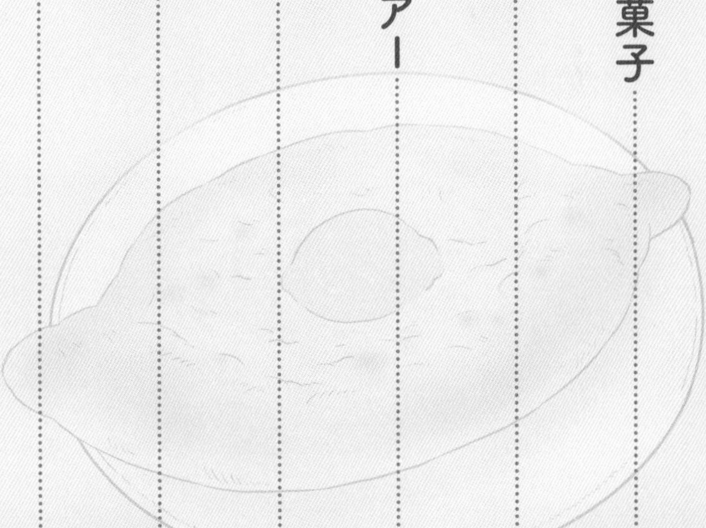

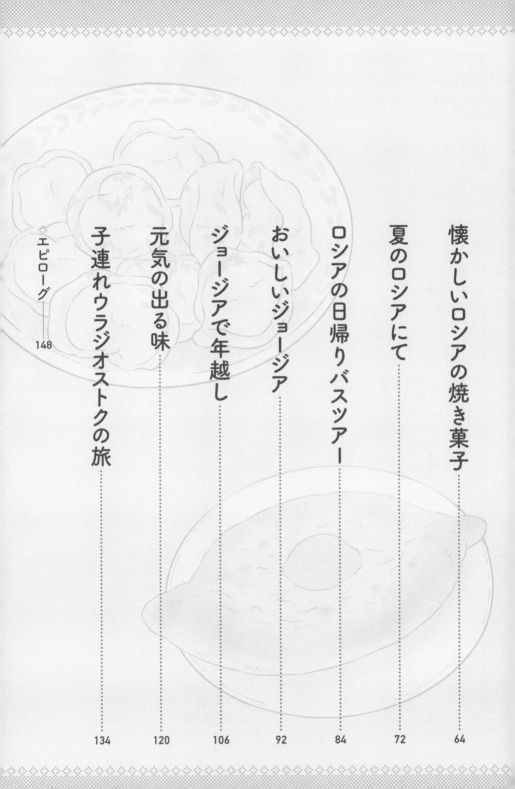

プロローグ

みなさまこんにちは
シベリカ子と申します
漫画・イラストを描いています
こちらは夫でロシア人のP氏
バームクーヘンて
おいしいでスネェ
留学のため来日していたP氏に
道を聞かれたことがきっかけで
出会い
スイマセン
ヒガシグチ…
ここ西口なんで
一緒に行きましょう…
なんやかんやで結婚し日本で
暮らしていたのですが…
日本のIT系企業でリモートワーク
ある日P氏の提案でロシアへ
渡ることに
行くヨ〜
ブーン

ロシア第二の都市・サンクトペテルブルクへ渡り
「北のヴェネツィア」と言われるほど運河が多い
それなりに楽しく過ごし1年後に帰国
うまい
たべてばかり
うまい
うまい
その時のことを描いた「おいしいロシア」というコミックエッセイを後に出版しました
おいしいロシア
シベリカ子
それからイラストや漫画のお仕事をいただくようになり、日々あわただしく過ごしています
しめきりが〜
ジュー
ん？
プ〜〜ン
何焼いてるの？
サ・メ！
ジュ〜

P氏の朝食は魚介類が多い
日本に来てから好きになったらしい
日本で暮らし始めてからというもの和食ばかり食べている
納豆っておいしいよネ～
もずくっておいしいナ～
たまにはロシア料理たべたい…
ロシアの朝食と言えば…
パンにサラミやチーズをのせたやつ
бутерброд《ブッテルブロット》
オートミール
Каша《カーシャ》
カッテージチーズのパンケーキ
Сырники《スィルニキ》
ロシアでよく食べたな～
まァ日本の朝食もいいジャナイ？
魚っておいしいダシネエ！
ドバー
徳用ブレンドコーヒー
Pさんてコーヒーの淹れ方かなりおおざっぱだよね
そナのかナァ
？
ジャー

ロシアではコーヒー粉を直に注ぐ飲み方が多いらしく来日当初はコーヒーフィルターを見ても使い方がわからなかったらしい
上澄みを飲む
沈んだコーヒー粉
？
コーヒーフィルター
ちなみにロシアは紅茶文化でカモミールティーにレモンを入れて飲むスタイルがポピュラー
ミルクティーはあまり…というかんじらしい
魚もいいけどたまにはロシア料理も食べたいなあ
あ！
近所にオープンしたパン屋さんでピロシキ売ってるらしいよ！
お肉たっぷり
ピロシキ
350円
ロンパン
行ってみよ！
というわけで、日本で味わえるロシアを探しに行ってみようと思います
売り切れるまえに〜
ワタシも行くヨ〜

日本で作る揚げピロシキ

わ〜
どれも
おいしそうだね
迷っちゃうな〜
あんぱん ¥170
シナモンロール ¥230
チョコ コロネ ¥180
おいしいパン ¥160
これは黒パン
ぽいですネェ
ドイツ風の
ライ麦パンだから
ロシアのとは
ちょっと違うかも
ドイツパン
1/2 ¥340
ロシアではライ麦をたっぷり使った
黒パンがよく食べられています
ドイツの黒パンと
「何かちがう」らしいけど
私はよくわかりません
日本ではなかなかお目にかかれないので
P氏はロシアで買った
「黒パンのもと」を使って自分で
焼いたりしている
ХЛЕБ
水とドライイースト
を入れて
ホームベーカリーで焼く
ХЛЕБ
ちなみにロシアのパン屋さんは商品を
ケースに並べて店員さんに取ってもらう
スタイルが一般的
試される
ロシア語能力
Один чёрный
хлеб...
(黒パンひとつ…)

ロシアのパンといえば ヴァトルーシカが好きで よく食べてたな～
Ватрушка
カッテージチーズ入りの 甘いパン
まァ ロシアのパンはおいしい ですヨネ
日本のパンは フワフワ過ぎデすネ ロシアのパンは もっと～
パン屋さんで パンの文句 言わないでよ
あ！ ピロシキあった！
日本でロシアを 見つけると うれしいね
ピロシキ ¥350
カレーパ
なんで日本人はひとつでも ピロシキって言うダろネェ ピロシキは 複数形だからひとつなら ピロジョークなのにネェ
単数 Пирожок
複数 Пирожки
早く買って帰ろ
文句が多いな
いただきまーす！
おいし～い！ 挽き肉たっぷり！
おいしいデすけどネェ 春雨が入ってるって ちょっと不思議です ナァ

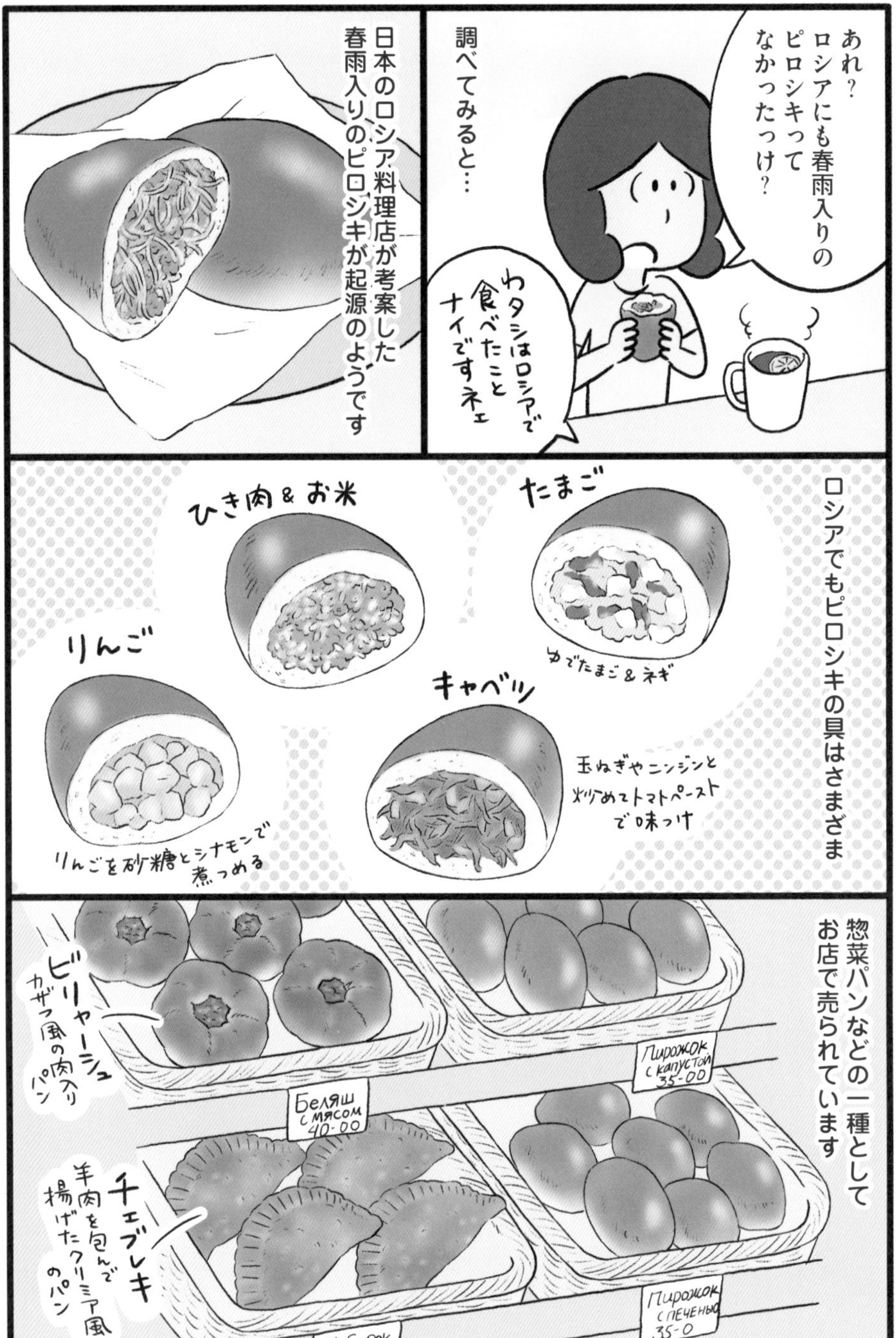
あれ？
ロシアにも春雨入りの
ピロシキって
なかったっけ？
調べてみると…
ワタシはロシアで
食べたこと
ナイですネェ
日本のロシア料理店が考案した
春雨入りのピロシキが起源のようです
ロシアでもピロシキの具はさまざま
たまご
ゆでたまご＆ネギ
ひき肉＆お米
りんご
りんごを砂糖とシナモンで
煮つめる
キャベツ
玉ねぎやニンジンと
炒めてトマトペースト
で味つけ
惣菜パンなどの一種として
お店で売られています
Пирожок
с капустой
35-00
ビリャーシュ
カザフ風の肉入り
パン
Беляш
с мясом
40-00
Пирожок
с печенью
35-0
チェブレキ
羊肉を包んで
揚げたクリミア風
のパン

久しぶりにロシアのピロシキも食べたいね
そう言えバ日本に住んでルロシア人がピロシキ売ってたヨ
ロシアの食材の情報を共有する在日ロシア人のコミュニティがあるようで…
いいね!
コメント
へー! 食べてみたいなあ
というわけで、早速お取り寄せピロシキしてみました
届いたヨ〜
クール便
わ〜
どれどれ
冷凍で届いたので、レンジで解凍してからオーブンで温め食べてみると…
チン
!!
なんか一気にロシアにいる気分!!
おいしい〜!
もぐもぐ
НЯМ《ニャム》 НЯМ《ニャム》
ロシアで食べるのと同じ味ですネェ

ちなみに今回お取り寄せしたのは
揚げピロシキ
ピロシキはオーブンで焼いたものと
油で揚げたものがあり
ジュワ〜〜
日本のパン屋さんなどで
売られているのは、
焼きピロシキがほとんど
ピロシキって
あまり作ったこと
ないんだよね
どうやって
作るんだろう
じゃあ見せてもらえバ
いいジャナイ?
名古屋に住んでる
らしいヨ
東京から近いダシ
そんな
突然行ったら
迷惑でしょ
Pmail
あれよあれよと話が進み…
大丈夫らしいヨ
来週でいいのカナァ
私は大丈夫だけど
本当にいいのかなぁ
ピロシキ作りを見せてもらいに
名古屋へ行くことになりました
ブーン

ピロシキ作りのプロ・サーシャさんの
厨房におじゃましました
Здравствуйте!
こんにちは〜
早速作っていきます
まずは…
材料を混ぜて生地を作ります
中力粉なんだ
中力小麦粉
へえ〜
たくさん使うので
袋ごと計量
あ、今日はあまり
時間がないので…
ウォッカも
入れます
ロシアっぽい
…！
VODKA
トク
トク
ウォッカ〜〜
ウォッカを
入れると
発酵が
早く進む
こね
こね
なるほど
メモ
メモ

よくこねたらラップをかけて
生地を発酵させます
発酵を待つ間 ペリメニや
スイカやサラダをごちそうになります
フクースナ!
(おいしい!)
樺太出身のサーシャさんは現地の
日本料理屋で働いた経験もある
プロのシェフ
樺太
北海道
なんやかんやで来日し、今は日本で
ピロシキやペリメニを作っているそう
私のひいおじいさんは
ロシア正教の関係で
盛岡に住んでいたので
日本には親しみを
感じていました
北海道にも
少し住んでいた
ことがあって…
トントン
トントン
トン
手元を見ずに
あんなに早く
切れるなんて…
さすがプロ…!
今回の具材は挽き肉と
玉ねぎとキャベツ
ブロック肉を
機械でミンチに
玉ねぎ
薄切り
キャベツ
太めの千切り

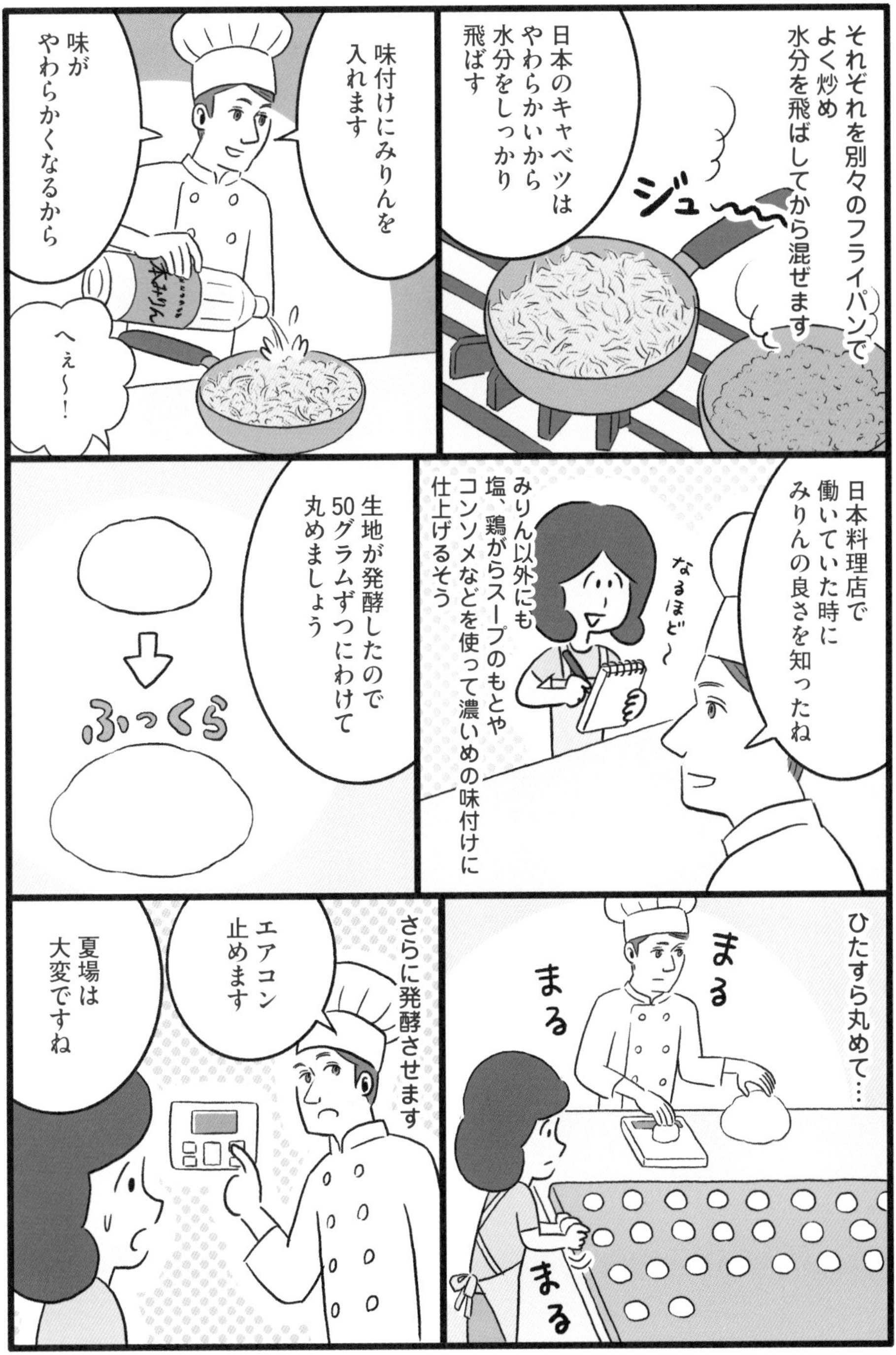
それぞれを別々のフライパンでよく炒め水分を飛ばしてから混ぜます
日本のキャベツはやわらかいから水分をしっかり飛ばす
ジュ〜〜
味付けにみりんを入れます
味がやわらかくなるから
へぇ〜!
日本料理店で働いていた時にみりんの良さを知ったね
なるほど〜
みりん以外にも塩、鶏がらスープのもとやコンソメなどを使って濃いめの味付けに仕上げるそう
生地が発酵したので50グラムずつにわけて丸めましょう
ふっくら
ひたすら丸めて…
まる
まる
まる
さらに発酵させます
エアコン止めます
夏場は大変ですね

発酵したら生地を平らにのばし
直径12～13cmくらい
具を包んでいきます
具をのせて
生地の端と端をもって
口をしっかり閉じる
わぁ やっぱり早いですね
サッ
サッ
形が…
モタ
モタ
がんばります！
1000個作ればうまくなりますよ！
サッ
サッ
なんとか包み
油で両面きつね色になるまで揚げたら…
ジュワ〜〜

揚げピロシキの完成！
生地がフワフワでおいしい！
具の味付け濃いめなのがロシアっぽいなぁ
ホッホッ
今日は急いで作ったけど、いつもはもっと時間かかるから4時に起きて作る
大変ですねぇ…
これおみやげ
お金払います
いらないいらない
突然の訪問にも関わらず快く迎えてくれたサーシャさん
Russian kitchen Sasha
ありがとうございました！
本当にスパシーバです！

暑い夏にビーツのサラダ

P氏に東京の日差しの強さと危険性を説明しているのですが
熱中症の危険
シミやシワの原因
日焼け止め
リカ子ちゃんは気にしすぎじゃナイ？
いまいちピンとこないようで毎年ー黒クマになっています
あ！
コレはナストゥルツィアじゃナイ？
何それ？
食べられるヨ
ムシャムシャ
Настурция（ナストゥルツィア）とはナスタチウムのことで、花や葉はサラダなどにして食べられます
ダーチャ（別荘）によく生えてたヨ～
夏は郊外のダーチャ（別荘）で過ごしベリーや木の実を摘むという幼少時代を過ごしたP氏は野生のものに目がない
コレは〇〇っていうベリーだヨ！
コレもおいしいヨ
だからって東京のそのへんの草を食べるのはちょっと…

夏の終わりには森でキノコ狩り
お母さんからダーチャでとったキノコの写真が来てたヨ あまりとれなかったらしいけどネェ
山もり〜〜
これで少ないの…?
でもロシアの夏は涼しくてよかったよね
エアコンなし 扇風機ですごせる
セミの鳴き声も聞こえないー!
湿度が低くさわやか
夏だけロシアに行きたいなあ
ロシアの夏に欠かせない飲み物といえばクワスですが…
クワスとはライ麦と麦芽を発酵させて作る微炭酸飲料
KBac
黒パン(ライ麦パン)を発酵させて作ることも
スーパーなどでペットボトルで売っている
KBac
クワスが飲みたいナ

日本ではなかなか手に入らないので
ロシアで買った「クワスのもと」で
自作しているP氏
クワスのもと
レーズン
ドライイースト
砂糖
KBac
常温で発酵させる
お湯
完成したクワスはペットボトルに
小分けして冷蔵保存し
せっせ
せっせ
散歩やジムに持ち歩いて
クワスライフを
エンジョイしていたのですが…
のどが
乾いたナ
フー…
プシュ
シュッ
シュ〜〜〜

ブシャーー
…こぼれました？
ちょットこぼれましたネ
ふたを開けた時に酸素が入ったことで一気に炭酸ガスが発生
一度ふたを開けたらすぐ閉めてガスが落ち着くまで待つのが上手に飲むコツだそうです
人生もクワスもガス抜きが大事だね
ゴクゴク
そうですネェ
さて、スーパーで夕飯の食材を買います
涼しい…
じゃがいも18円
トマト 1パック 380
P氏が真っ先に向かったのはおつとめ品コーナー
半額！
半額！
何年も日本に住んでいてもいまだに未知の食材に出会うP氏ですが
コレは何ダろネ？
半額
わからナイけど半額ダから買うヨ
わからないのに買わないでよ

数々の失敗にもめげずに新しいものに挑戦する姿は見習いたい…ような気もします
油だらけダナ
パンと思ったらがんもどき
お供え用の砂糖菓子
砂糖の味しかしないナ
味がしないナ
はんぺんをそのままたべる
食べ物に対するチャレンジ精神は海外生活向いてるなあ
そうだ卵も買っておこう
たまご 1パック 158円
ジ
ジ
ハッ
ロシアのスーパーで割れてる卵にたくさん遭遇してから
日本でも割れてないかチェックするクセがついちゃったのよね
2つも割れてる…
買う前に必ず中身をチェック
日本ではめったに割れてるのに遭遇しないんだけど
たま〜にパッケージの包装が緩いものがあったりして、ロシアのスーパーで商品を手に取る時は入念にチェックしていました
ПШЕНИЧНАЯ
МУКА
パラ
パラ
小麦粉が漏れてる…

コレも買うヨ
マッシュルーム
えー そんなにたくさん どうするの
全然多くないヨ ロシアの森でとったら もっと多いヨ
ロシアの森には もっとたくさん キノコが 生えてるヨ
量の基準が「森」
あ！ ビーツが 売ってる！
ビーツ 1袋398円
ビーツは見た目は 赤カブに似ていますが 実はホウレン草の仲間
ビーツ
赤カブ
似てるけど ちがうのよ
サトウダイコンとも呼ばれ、糖度が高いので砂糖の原料としても使われています
最近国産のビーツも時々 スーパーで見かけるように なってきたよね
борщ
ビーツといったら ボルシチだけど…
今回はサラダ でも作って みようかな
ヴィネグレット を作れば いいジャナイ？
というわけで、ビーツのサラダ「ヴィネグレット」を作ります！

ヴィネグレットとは、ロシアの食堂やカフェでもよく見かける定番のサラダ
材料はこんな感じ
ビーツ中1コ
サラダ油
おいしいサラダ油
じゃがいも 小2コ
ピクルス2本
にんじん1本
グリンピース 80g
玉ねぎ1/4
まずビーツを洗って茹でます
ゴシ
ゴシ
でも夏場は長く火を使いたくないのよね…
まるごと茹でるから時間がかかる…
ということで、今回は電子レンジで下ごしらえ
耐熱容器にビーツが半分つかるぐらいの水を入れラップをふんわりかけて600Wで15分
上下をひっくり返して再び15分加熱
中までやわらかくなっているか確認しながら時間は調整してください
串が中までスーっと通るまで
※容器が熱くなるのでヤケドに注意!

中までやわらかくなったら流水に
さらします
こうすると皮がむきやすくなります
ジャー
冷めたら皮をむき1センチの
サイコロ状に切ります
毎回まな板が赤く
染まってびっくりしますが
洗えば落ちます
じゃがいも・にんじんは1センチ角の
サイコロ状に切って茹でて冷まし
ピクルスも同じように切ります
玉ねぎはみじん切りに、
グリンピースは茹でて冷まします
1/4くらい
グリンピース
水煮なら
そのままで
すべての材料をボールに入れて
塩コショウ・サラダ油で味付けします
サラダ油
コショウ
塩
ロシアではひまわりの種の油が
ポピュラーでよく使われていますが
お好みでオリーブオイルなどでも
いいと思います
МАСЛО
ЗОЛОТА
ЗОЛОТАЯ
СЕМЕЧКА
よく混ぜて味をなじませたら…

ヴィネグレットの完成！
ビーツが甘くて おいしい！
やっぱり ライ麦のパンと 合うよね
悪くない ですネェ
ヴィネグレットと みそ汁と煮物 という和露折衷 な夕飯
ちなみにビーツは茹でて切った状態で 冷凍保存しておくと便利です
使う時は常温で自然解凍する
ビタミンたっぷりのビーツのサラダ ビーツを見かけたらぜひ作ってみて ください！
ロシアの食堂を 思い出すよね〜
買いすぎたビーツ達
P氏が箱買いしたマッシュルームは 玉ねぎと炒めて一人で完食
リカ子ちゃんは 食べナイの？
私はいいや…

ピロシキ

пирожки

【材料】 約12個分

小麦粉……強力粉200g／薄力粉100g
牛乳……180ml
卵……1個
砂糖……小さじ2
塩……小さじ1
ドライイースト……小さじ1

ナチンカ（具）
合い挽き肉……200g
玉ねぎ……1個
キャベツ……1/4個
コンソメ（または鶏がらスープの素）……小さじ2
みりん……小さじ1
塩コショウ……少々

【作り方】

1
ボールに卵、砂糖、塩、ドライイースト、ぬるく温めた牛乳を入れ、よくかき混ぜる。そこへ小麦粉を少しずつ入れ混ぜ合わせ、べたつきが無くなるまでよくこねる。

2
生地がまとまったら、油を薄く引いたボールに生地を入れラップをし、あたたかいところへ置いて1時間発酵させる。

3
玉ねぎを薄切り、キャベツを太めの千切りにし、玉ねぎ→挽き肉→キャベツの順にフライパンに入れコンソメ、みりん、塩コショウで味付けしてよく炒め、水分を飛ばす。焦げそうなら余分な水分をクッキングペーパーでふき取る。

4
2の生地が発酵したら、50gずつわけて丸め、油を薄く引いたバットなどにくっつかないよう並べる。ラップをふんわりとかけ40分ほど発酵させる。

5
生地が1.5倍にふくらんだら直径15cmくらいの円に広げ、具をのせて包む。

6
フライパンに3～4cmほど油を入れ温め、両面小麦色になるまで揚げたら完成。

オーブンで焼く場合は、生地を丸める時に油ではなく小麦粉を打ち粉に使い、具を包んだ後、黄身を溶いて表面に塗り、200度に予熱したオーブンで10～15分焼き色がつくまで焼く。

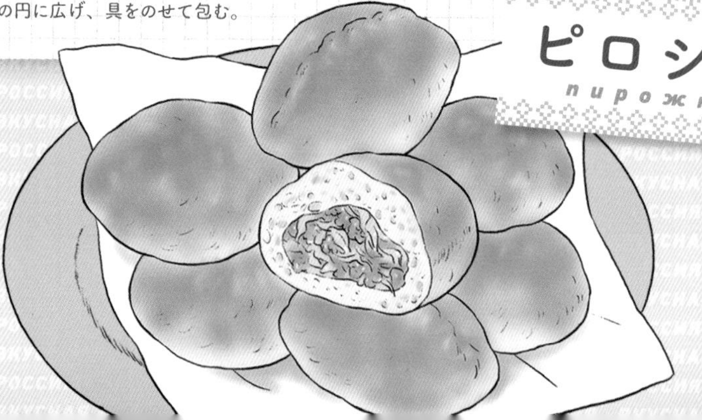

ヴィネグレット

винегрет

【材料】

ビーツ……中1個
じゃがいも……小2個
にんじん……1本
玉ねぎ……1/4個
キュウリのピクルス……2本
グリンピース……80g
サラダ油……大さじ1
塩コショウ……少々

【作り方】 4人分

1

ビーツを洗い鍋に入れ、水をひたひたに注ぎ1時間ほど茹でる。または、耐熱容器にビーツが半分つかるくらいの水を入れラップをふんわりかけて600wで15分加熱、上下ひっくり返してさらに15分加熱し、様子を見ながら時間を調整し中までスーッと串が通るまで温める。（容器が熱くなるので火傷に注意してください。）

2

中まで火が通ったら流水にさらし、皮をむき、1cm角のサイコロ状に切る。じゃがいも、にんじんも同様に1cm角のサイコロ状に切り、茹でて冷ます。ピクルスも同じように切る。玉ねぎはみじん切りにする。

3

ビーツ、じゃがいも、にんじん、玉ねぎ、ピクルス、グリンピースをボールに入れ、塩コショウ、サラダ油で味付けしたら完成。

ロシア風ハンバーグ

P氏はよく歩く
ズボンに穴があくほどよく歩く
早いと1~2か月でダメになる
日本の何気ない風景を眺めながら歩くのが面白いらしく…
古い家だナ~
何もないネェ!!
ゆず…
それはなんとなくわかるなあ私も外国の街って歩くだけで楽しいし
今度ここ行ってみようよ
いいジャナイ? 行き方を調べてみるヨ
激うま レストラン
エーとネェ歩くと1時間40分だヨ
poople.co
東京都
おいしいレストラン
通り経由
1時間40分
8km
なんで徒歩!?

バスか電車で行こうよ
でもまっすぐ歩くだけだヨ
歩くって体にいいダし
ロシアにいた頃ロシア人の友だちと出かけた時も…
Выборг《ヴィボルク》という町へ行ったとき
これおやつ
ありがとう
Сырок《スィローク》
というお菓子
カッテージチーズ
チョコでコーティング
ほぼ休憩なしでひたすら歩き続け…
もう3時間くらい歩き続けてる…
ずん
ずん
その日の最後の方に撮った写真の私はだいぶくたびれていたのだった
リカ子笑って！
ぐったり
もしロシア人の友だちに
ちょっと散歩しよう！
散歩…！
と言われたら、それなりの覚悟をした方がいいかもしれません…

そんなこんなでP氏の広大な「徒歩圏内」に付き合わされている今日この頃ですが…
結局歩くはめになる
ゴロゴロゴロ
雲行きがあやしくなってきた
ゴロゴロ
ピカッ
雷が近づいてきたよ早く帰ろう
エー大丈夫でショ
こわいよ～
ゴロゴロゴロ
早く早く
エー
ゴロゴロゴロ
ガシャーン
キャー!!

Pさん早く建物の中に逃げて！
ひぇ〜〜
もう大丈夫だヨ
ロシアには「雷は同じ所に落ちない」っていうことわざがあるカラ！
そういう問題…？
ロシアにもたくさんのことわざや言い伝えがありますが…
「空腹は最高のシェフ」
グ〜〜
Голод-лучший повар.
「キノコと名乗ったからにはカゴに入れ」（自分の言ったことに責任を持て）
キノコだよ
じゃあカゴに入りなさい
Назвался груздем-полезай в кузов.
「家の中で口笛を吹くと泥棒が出る」って言うヨ
それ日本でも昔から言われてるね
「服を裏表逆に着て出かけると殴られる」も日本にあるのかナァ
ないよ！ていうかなんで!?
浮世の厳しさを教えてくれる言い伝えもあるようです

やれやれ 雷は遠ざかったけど 雨が降ってきちゃったね
あれ？ Pさんは傘…
コレは雨のうちに 入らないヨ
でも濡れたら 風邪ひくし…
ひかない ヨ～
ロシアの人たち、何か知らんけど なかなか傘をささない
まあまあ降っていても平気な顔して 歩いていたりフードをかぶって やり過ごす人の多いこと
濡れると 嫌じゃ ない？
させば いいのに
なんで ささないの
リカ子ちゃんは なんでそんなに気に するのカナァ
いつか乾くダシ 別に問題ないじゃナイ？
体の丈夫さとおおざっぱさ うらやましいです

そんなこんなで日本も秋になりました
日本で一番好きな季節だな～
パシャ
P氏はロシアにはないもみじがお気に入りの様子
サンクトペテルブルクの秋は黄色っぽい
赤いですネェ
もみじはロシア語で
ЯПОНСКИЙ КЛЁН
（日本風のカエデ）
松ぼっくりもたくさん落ちてる
ロシアにも松の木はたくさん生えており松ぼっくりは身近な存在なのですが…
ある日のこと
ロシア人の知り合いから松ぼっくりのワレーニエをもらったヨ！
えっ松ぼっくり？
ワレーニエとは果物やベリーなどを砂糖で煮詰めたジャムのようなもの
Варенье
実をつぶさず煮つめる
ベリーやイチゴのワレーニエは食べたことあるけど…
不思議なビジュアル…
これ本当に食べられるの…？

いただきます…
そンなに悪くないヨ
おそるおそる
!?
森の香りをそのまま食べてるみたい!
木の皮を甘くしたような味でした
ワレーニエはベリーやリンゴなどオーソドックスなものからナッツ類、野菜…
ラズベリー
малина
お母さんは昔よくタンポポのワレーニエを作ってたヨ
грецкий орех
くるみ
たんぽぽ
одуванчик
タンポポやスイカの皮など、お好みで色々なものから作れるようです
арбузные корки
スイカの皮
皮といえばPさんて果物の皮よく食べてるよね
りんごはもちろん
ぶどう
もも
柿も
皮は栄養あるじゃナイ?
私も影響を受けてそのまま食べそうになりますが…
ハッ
皮むかないの?
やっぱり皮はむいたほうがおいしいと思います

さてと
今日の夕飯は
ハンバーグと…
リカ子ちゃん
！
パン粉
見て！
日本のスーパーで
グレーチャが
売ってたヨ！
гречневая крупа
グレーチャとは、蕎麦の実のことで
ロシアでは茹でてそのまま
バターなどと一緒に食べたりします
日本のソバとは種類がちがうらしい
гречка с подливой
肉・野菜を炒めたソースをかけて食べることも
日本ではなかなか
お目にかかれませんが
たまたま入った輸入スーパーで
見つけたらしいのです
グレーチャをさっと水で洗ったら
グレーチャ1カップに対して
2カップの水を入れ弱火にかけます
水がなくなったら10分ほど蒸らし
塩やバターで味付けして完成
ほわ～
香ばしくて
いいにおい！

鍋で炊くのが面倒な時は…
お米と同じように炊飯器で炊いちゃいます
ピッ
そうだ
せっかくだからグレーチャに合うкотлет（カトリエート）を作ろう！
котлетじゃなくてкотлеты！必ず複数形だヨ～
たしかにね…みんなたくさん食べるからかな
材料はハンバーグとだいたい同じ
合い挽き肉
ニンニク
玉ねぎ
かたくなったパン
またはパン粉
たまご
玉ねぎはみじん切りにし炒めずそのまま
目がしみる～
パンは細かくちぎってボールに入れ牛乳でふやかす
そこへ挽き肉、玉ねぎ、ニンニク、卵を入れ塩コショウでしっかり味付けをしてよく混ぜます
塩
コショウ

よく混ぜたら手のひらサイズに丸めて小麦粉をまぶします
ジュ〜〜〜
油をひいたフライパンに並べふたをせず両面焼いたら
котлетыの完成!
グレーチャとカトリェーティの組み合わせ、ロシアの食堂を思い出すね〜
おいしいですネェ
あれっ全部食べちゃったの
からっぽ
たべたナ〜
食欲の秋、食べ過ぎに注意です!

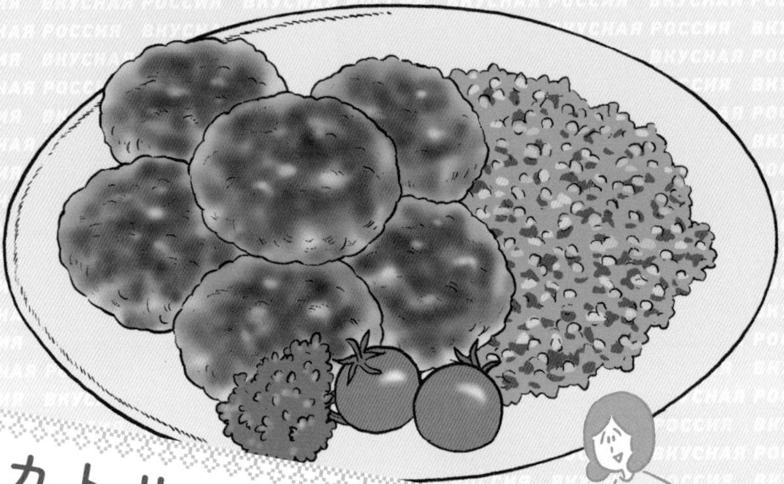

カトリェーティ

котлеты

【作り方】

1

玉ねぎをみじん切りにする。ボールにパン粉と牛乳を入れパン粉をふやかす。

2

1に合い挽き肉と卵とすりおろしたニンニクを加え塩コショウを振りよく混ぜる。

3

タネを直径約5cm、厚さ1～2cmの丸型に形成し、両面に小麦粉をまぶす。

4

フライパンに多めに油をひき、タネを並べ、焼き色がつくまで両面揚げ焼き(片面5分くらい)にしたら出来上がり。

【材料】

4人分

合い挽き肉……………………………300g
玉ねぎ…………………………………1/2個
卵………………………………………1個
パンまたはパン粉……………………20g
牛乳……………………………………40ml
小麦粉…………………………………少々
塩コショウ……………………………少々
ニンニク
………ひとかけ(またはニンニクチューブ)

当時まだ学生だったPAがくれたプレゼント
リカ子ちゃんにプレゼントです！
なぜ味噌…？
徳用
みそ
1kg

酸っぱいキャベツのスープ

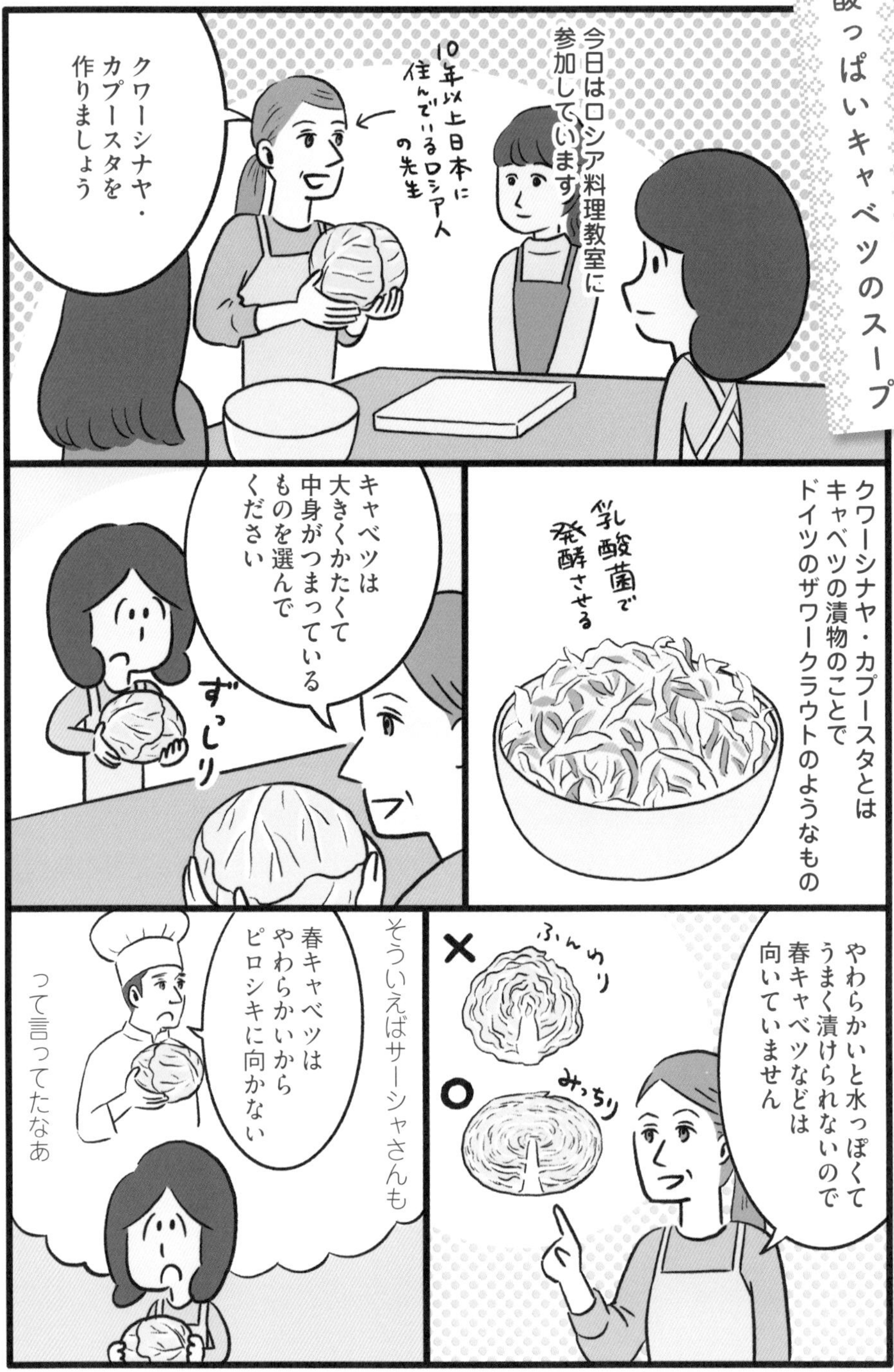
今日はロシア料理教室に参加しています
10年以上日本に住んでいるロシア人の先生
クワーシナヤ・カプースタを作りましょう
クワーシナヤ・カプースタとはキャベツの漬物のことでドイツのザワークラウトのようなもの
乳酸菌で発酵させる
キャベツは大きくかたくて中身がつまっているものを選んでください
ずっしり
やわらかいと水っぽくてうまく漬けられないので春キャベツなどは向いていません
×
ふんわり
○
みっちり
そういえばサーシャさんも
春キャベツはやわらかいからピロシキに向かない
って言ってたなあ

ロシアにいた頃は
ロシアのキャベツかたくて使いづらいな〜
なんて思ってたけど、ロシアの人はちゃんとかたいキャベツに合った調理の仕方をしているんだなあ
キャベツを洗うと水っぽくなってしまうので洗わないでください
気になる人はかたくしぼったふきんでふいて下さい
塩を大さじ2くらいふります
塩
パラ パラ
にんじんも入れて水分が出るまでよくもみます
ギュッ ギュッ
ギュッ ギュッ
ギュッ ギュッ
だいぶカサが減りましたね
いいですねじゃあ瓶に詰めましょう
ですね〜
しんなり
麺棒などで押しながらさらに水分が出るように詰めてください
ギュッ ギュッ
ローリエも入れてくださいね

瓶いっぱいに詰めたら毎日菜箸などでガス抜き用の穴を開けて発酵させます
冬なら室温20度で4～5日で完成です
これは完成したものですこういう匂いになったら冷蔵庫に入れてください
くんくん
酸っぱそうな発酵している匂いですね
他にもボルシチやピローグ(パイ)などを作りお腹いっぱいに
おいしいですね～
ただいま～楽しかった!
Pさん見て見てクワーシナヤカプースタだよ
エーいいですネェ
わタしの実家でもよく作ってたヨ
Pさん家でも冬に家族総出でさながら工場のように大量生産していたらしい
ラズベリー
実家ではラズベリーも入れてたヨ

作った日の翌日
ブクブク
おお〜泡が出て発酵してるわ
穴あけの作業は毎日しないと味が悪くなったりカビたりしてしまうそう
1日3〜4回穴をあける
ブスブス
ぬか床もそうだけど発酵食品はお世話が大事よね
4日目
水分が減ってきた!
何か生き物のお世話してるみたいで楽しいな
5日目
そろそろいいかな
クンクン
アーいいジャナイ?
水分が減りキャベツの生っぽい匂いがなくなり酸っぱい匂いがするようになったら完成!
浅漬けみたいでさっぱりしてておいしい!

もちろんそのままでも食べられますが
Pさん家では焼いたじゃがいもと
一緒に食べたり
サラダに入れたりしているそう
じゃがいもと一緒に
ヴィネグレットにも◎
玉ねぎ、ピクルス、ニンニクなどとあえてサラダに
私はお味噌汁に入れたりしています
お豆腐も入れて
とんかつの付け合わせにもいいし、和食にも合います！
ロシアの長い冬の保存食、日本の冬にもいいかもしれません
すっかり寒くなり年の瀬が近づいています
Pさん そんな薄い上着で寒くないの
さむ～
東京の冬はわタしにとって秋ですヨ
もうすぐクリスマスだね～
日本のクリスマスは早いですネェ

ちなみにロシア版サンタクロースの「マロースじいさん」は大みそかにプレゼントを持ってやってくるので
ロシアの子どもたちは新年の朝、枕元にプレゼントが置いてあるのを見て喜ぶのだとか
イベントごとに無頓着な我々はクリスマスも普通に過ごし
クリスマスケーキが半額になってタヨ〜♪
半額
よかったね
あっという間に年末です
師走って光の速さで過ぎるよね…
何してるのかナァ
カタ
カタ
ロシア人の友だちに年末の挨拶メール書いてるんだよPさん書いた？
アーたしかにそろそろですネェ
ロシアでは大みそかが近づくと「С наступающим Новым Годом!（よいお年を！）」という挨拶をし合う習慣があります
С Новым годом!
С Новым Годом!
今はメールなどで済ませる人が多いと思いますが、カードをもらうとうれしさもひとしお

もし新年とクリスマスの挨拶をするのが遅れタら「С прошедшими праздниками!（過ぎちゃった祝日おめでとう！）」って言えばいいんダヨ！
へー そんな言い方あるんだ
ロシア人は飲み過ぎて新年の挨拶を忘れる人が多いからジャナイ？
真偽のほどは不明ですが便利でいい表現だなと思います！
年末年始は何食べよう？ロシアではこんな感じだったよね
白パン＋イクラ
シャンパン
オリヴィエサラダ
（じゃがいも、ニンジンなどマヨネーズであえたサラダ）
そういえばロシア料理教室の先生が
私の家では大みそかにスープをたくさん作ります
って言ってたなあ
へぇ～
キースリエ・シーを作れバいいジャナイ？
たしかに！
シーとは、肉とキャベツなどの野菜を煮込んだスープのことで
クワーシナヤ・カプースタを入れたシーのことを「キースリエ・シー（酸っぱいシー）」というのです

クワーシナヤ・
カプースタも
あるし早速
作ろう！
材料はこんな感じ
鶏の手羽元
じゃがいも
ローリエ
サワークリーム
サワークリーム
にんじん
玉ねぎ
クワーシナヤ
カプースタ
なければ
生のキャベツ
ニンニク
ディル
（またはイタリアン
パセリなど）
トマトペースト
トマトペースト
シーに使う肉は牛・豚・鶏など
お好みでなんでもいいのですが
今回はだしを取りやすい
手羽元で作ろうと思います
じゃがいもは一口大に切って
水にさらし
玉ねぎはみじん切り、にんじんは
グレーターですりおろす
鍋に手羽元と、
かぶるくらいの水を入れ
火にかけ、アクを取りながら
20分ほど煮込む
グツ
グツ
手羽元を煮込んでいる間に玉ねぎ、
にんじんをフライパンで炒め
トマトペーストを入れる。
ジュ〜〜

手羽元の鍋に炒めた野菜とじゃがいも、クワーシナヤ・カプースタ、ローリエを入れ15分ほど煮込む
余力があったら手羽元を取り出して身をほぐしておくと食べやすいです
もちろんそのままでもOK
グツ
グツ
仕上げに塩コショウ、すりおろしたニンニクを入れ5分ほど煮込んで味をととのえたら…
塩
コショウ
にんにく
チューブでも◎
キースリエ・シーの完成!
サワークリームとディルをそえていただきます
キャベツの酸味がさっぱりしてていいね
おいしいですネェ
そんなこんなで大みそかの夜は更けて…
オリヴィエサラダと
年越しそばもたべよう

紅白歌合戦見ると大みそかって感じするわあ
ズー
ロシアでも「ガルボイ・アガニョーク（青い炎）」っていう番組がソ連時代から大みそかにやってるヨ
歌とトークの番組
大みそか定番の番組ってどこでもあるんだね
年が明けたね！
ゴーン
日本の新年は静かですネェ
そんなわけで和露折衷な料理でお正月を過ごし…
うちではスープやパンやサラダ
リカ子の実家ではおせちやお雑煮
ふう お正月はつい食べ過ぎちゃうな
今日は何かさっぱりしたもの…あ！
クワーシナヤ・カプースタはお正月のお疲れ気味な胃腸も労わってくれそうです
たべすぎたナ〜
シャクシャク
また来年の冬もたくさん作ろう

クワーシナヤ・カプースタ

квашеная капуста

材料

4人分

- キャベツ……1個
- にんじん……1本
- 塩……大さじ2
- ローリエ……2枚
- 1リットルの保存容器……1個

作り方

1
キャベツとにんじんを太めの千切りにする。

2
大きめのボールに1と塩を入れ、水分が出るまでよく揉む。

3
消毒した保存容器に2を少しずつ入れ、カサを減らすように麺棒などでよく押し込み、最後にローリエも入れる。

4
保存容器にふんわりラップをかけ、常温で発酵させる。ガスが抜けるように1日に3〜4回、菜箸などで穴を開ける。

5
水分が減り、キャベツの生っぽい匂いがなくなり酸っぱい匂いがするようになったら完成。（冬なら常温で4〜5日）

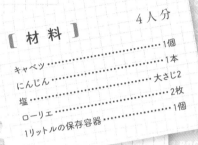

キースリエ・シー
кислые щи

【作り方】

1
じゃがいもは一口大に切って水にさらし、玉ねぎはみじん切り、にんじんはグレーターですり下ろす(または細切り)。

2
鍋に手羽元を入れ、かぶるくらいの水をたっぷり入れ、アクを取りながら20分煮込む。

3
油をひいたフライパンで、玉ねぎ、にんじんにトマトペーストを加え炒める。2の鍋に先ほど炒めた野菜、じゃがいも、クワーシナヤ・カプースタ、ローリエを入れ15分ほど煮込む。

4
仕上げに塩コショウ、すり下ろしたニンニクを入れ5分ほど煮込んだら完成。お好みでサワークリーム、ディルを添えて。

【材料】

6皿分

鶏手羽元……500g
玉ねぎ……1個
にんじん……1本
じゃがいも……2個
クワーシナヤ・カプースタ
……500gまたはキャベツ1/4個
(キャベツで作ると普通のシーになります)
トマトペースト……大さじ1
ニンニク
……ひとかけ(またはニンニクチューブ)
ローリエ……2枚
塩コショウ……少々
スメタナ(サワークリーム)……少々
ディル……少々

二日酔いに効くスープ

久しぶりにロシア料理レストランへやってきました
何食べようかな〜
ボルシチとピロシキも食べたいな
ロシア人の店員さん
У вас есть пирожки?
(ピロシキありますか？)
MENU
ピロシキは売り切れです
じゃあ黒パンとペリメニください
ところでロシア人てなんだかすべてを諦観したような遠い目をしている人が多い気がするのですが
気のせいでしょうか
P氏も今でこそこんな感じですが
MENU

あの
来日当初の写真を見ると
なんだか遠い目をしているのでした
目がうつろ…
すいません
やっぱりピロシキあります
中身はキャベツか
じゃがいもか卵
卵と
じゃがいもで
ロシアっぽい
ネエ〜！
なんか
うれしそう
だな
今キャベツしか
ないみたい
じゃあ
キャベツ２つ

ロシア料理店に来るとやっぱり頼んでしまうボルシチ
ビーツたっぷりでおいしい〜
日本のロシア料理店で出るボルシチやレトルトのボルシチには時々ビーツが入っていないものもありますが
おいしい ボルシチ
ロシアのスープ
おそらく日本にビーツがなかった時代にトマトで代用したレシピが始まり
ビーツがナイ…
ションボ
P氏的にはボルシチにはやっぱりビーツは入っていてほしいらしい
ディナー限定!
ジョージア料理コース
あ、このお店夜はジョージア料理も食べられるんだね
ジョージアとは、コーカサス地方に位置する国
ロシア
カスピ海
黒海
ジョージア
アルメニア
アゼルバイジャン
トルコ
イラン
旧ソ連だったこともあってかロシアではジョージア料理はとてもポピュラー
ГРУЗИНСКАЯ КУХНЯ
サンクトペテルブルクにもジョージア料理店がたくさんある.

かくいう私もロシア滞在中にすっかりジョージア料理のとりこになり、
このハチャプリってやつおいしい!!
ジョージアワインもおいしい!!
のちに1週間ジョージアを旅行し現地の自然や文化や食を満喫したのでした
きれい~
本場のヒンカリ!
おいしかった~また今度来ようね
RANT
エーあのお店はすごく並んでるネェ
不思議ですナァ
ソ連時代じゃないカラ並ばなくてもいいのにネェ!
日本のレストランに「待つ人用の椅子」が置いてあるのを初めて見た時は驚いたらしい
Umai Restaurant
そういえばロシアのレストランで並んでるのって見たことないかも
ソ連~ソ連崩壊という時代を幼少期に過ごしたP氏にとって行列というと…

少ない商品を求めて並ぶ人々
そういえばソ連時代に子どもが列を作って…
あら、あそこ並んでるけど何かあるのかしら
わら
何か売るのかな
わら
とりあえず並ぼう
わら
何もないのにね！
ズラ〜〜
「とりあえず列があったら並ぶ」というソ連時代の人々の習性を利用したいたずらがあったらしい
ソ連時代ならではのいたずらだね…

さて、季節はすっかり春
春も好きな季節だけど…
ハ…
クシュン!!
花粉症がなければなぁ
Будь здорова!
(お大事に)
ロシアではくしゃみをするとと声をかける習慣があるのですが
クシュン
……。
あれ?ノーコメント…って日本では普通か!
慣れるとノーコメントだとちょっと寂しく感じるように…
ロシア人のお友達がくしゃみをした時にはぜひ言ってみてください
男性に対して言うとき
Будь《ブーディ》 здоров《ズダローフ》!
女性に対して言うとき
Будь《ブーディ》 здорова《ズダローヴァ》!
丁寧に言うとき(目上の人など)
Будьте《ブーチェ》 здоровы《ズダローヴィ》!
そんな春のある日、P氏のママが初めて日本にやってきました
Коннитива!
(コンニチハ)
Здравствуйте!
お花見に行ったり
パシャ
パシャ
きれいねぇ

温泉に行ったり楽しんでいます
温泉
気に入ったわ
ポカ
ポカ
ビールうまい
UMAI BEER
懐石料理はよくわからないものだらけで「シトーエータ?（これ何?）」のオンパレード
Что это?
Это что?
А это?
そりゃそうだよねぇ
P氏もいまだに混乱するようです
コレは何に付けるの?
コレはしょうゆ?
コレはなんのお皿?
えーと
温かいお酒っておいしいわね
のども冷えないからいいわ
たしかにロシアではお酒を温めて飲む習慣ってないね
寒いからありそうだけど
ロシアのお酒といえばウォッカですが
私はメダヴーハという古くからある
ハチミツのお酒がお気に入り
Медовуха
シュワ～～
ほんのり甘く微炭酸で飲みやすくてグイグイいけます!

ロシアにいた頃は友達の付き合いで
あびるほどに飲むこともあったP氏ですが
倒れるまでのもう！
当然翌日は二日酔いに
酒ビンで頭を冷やす
二日酔いに効く食べ物といったらしじみ汁だよ
ロシアだったらケフィアとかキュウリの漬けものの汁とかアイランを飲むヨ
ケフィア
КЕФИР
発酵性乳飲料
すっぱい飲むヨーグルトのような味
アイラン
Айран
ヨーグルトに水と塩を混ぜた、トルコ風飲むヨーグルト
キュウリの漬けもの
基本的に酸っぱいものなのね
あと ラッソールニクも二日酔いの時に食べるヨ
рассольник
漬物が入ったスープね！
ラッソールとは漬物の漬け汁のことでキュウリの漬物と漬け汁を入れたスープのことをラッソールニクというのです
ニンニク、塩、ディルの花、こしょう、ローリエなどで漬けるキュウリの塩漬け
せっかくなので作り方をご紹介

ラッソールニクに入れるのは
お酢を入れないで漬ける
サリョーヌィエ アグルツィ
ダけど日本で売ってるのかナァ
サリョーヌィエ アグルツィ
塩で漬ける
マリノーヴァンヌィエ アグルツィ
お酢で漬ける
たしかに日本で売ってる
キュウリのピクルスは
お酢が入ってる
マリノーヴァンヌィエ
アグルツィに近いかも
というわけで、
今回はキュウリのピクルス
で代用したいと思います
ちなみにP氏いわく
2つは全く別物らしいのですが、
私はあまり違いがわかりません
ぜんぜんちがうヨ〜
どっちも「すっぱいキュウリ」では…？
材料はこちら
牛肉（カレー用）
じゃがいも
にんじん
トマトペースト
トマトペースト
サワークリーム
サワークリーム
キュウリのピクルス
玉ねぎ
もち麦
（なければ玄米）
UMAI
ブイヨン
ブイヨン
ディル
（またはイタリアンパセリなど）
玉ねぎはみじん切りに
にんじんはグレーターで
すりおろします
グレーターが
なければ細切りに
してください
牛肉とじゃがいもは一口大に切って
じゃがいもは水にさらし
キュウリのピクルスは5ミリ角の
サイコロ状に切ります

玉ねぎ、にんじん、牛肉を
油をひいたフライパンでよく炒め
キュウリのピクルスと
トマトペーストを入れて軽く炒めます
ジュ〜〜
鍋に湯を沸かし、先ほど炒めた具材と
じゃがいも、ローリエ、ブイヨン
もち麦を入れ20分ほど煮込みます
仕上げにピクルスの
漬け汁と塩コショウで
味をととのえて…
ラッソールニクの完成！
サワークリーム
を入れるとより
なめらかな味に
なります
たしかにサッパリ
していて二日酔い
に効きそう！
Pさん
ラッソールニク
たべる？
ウ〜〜〜ン
二日酔いの時も
そうでない時にも
ぜひ試してみてください！

懐かしいロシアの焼き菓子

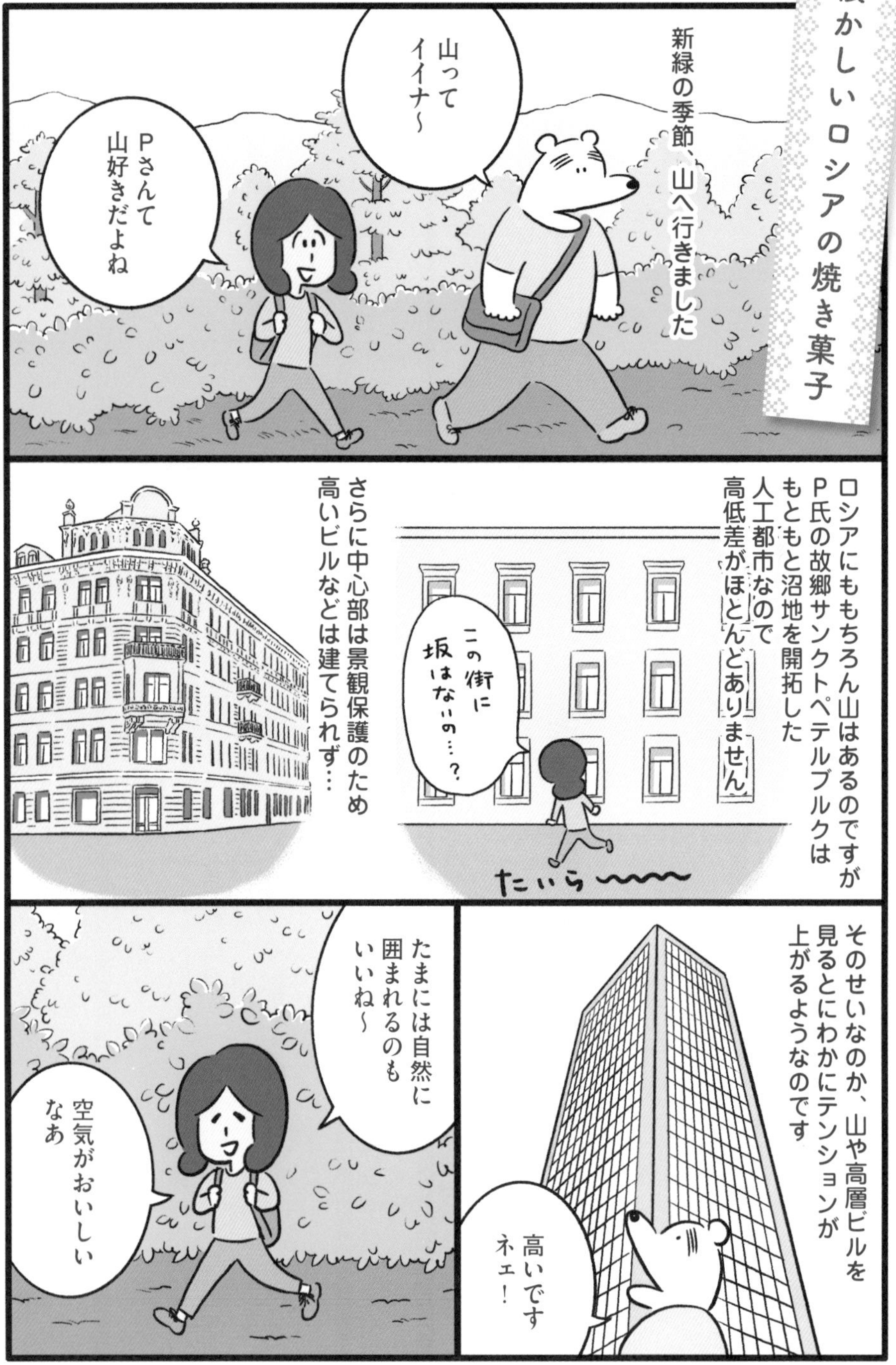
新緑の季節、山へ行きました
山って
イイナ～
Pさんて
山好きだよね
ロシアにももちろん山はあるのですが
P氏の故郷サンクトペテルブルクは
もともと沼地を開拓した
人工都市なので
高低差がほとんどありません
この街に
坂はないの…？
たいら～～～
さらに中心部は景観保護のため
高いビルなどは建てられず…
そのせいなのか、山や高層ビルを
見るとにわかにテンションが
上がるようなのです
高いです
ネエ！
たまには自然に
囲まれるのも
いいね～
空気がおいしい
なあ

そうですネェ
山っておいしい
デスネェ
モグ
モグ
また…
Pさん服もバッグも
かなりボロいよ
新しいの買えば
いいのに
そンなにナの
かナァ
さすがに
みっともない
でしょ
ヘンな外国人
だな〜って
思われちゃうよ
まだまだ着れるヨ〜
それに、他の人が
どう思うかは
どうでもイイ
だしネェ
服の件に限らず
P氏はあまり人の意見や
評価を気にしない
わタしは
洋服に
こだわらない
ダし、
これで
イイと
思ってるヨ
さらに、人から褒められるのも
苦手なようで…
えらい!
すごい!
自分で満足して
なかっタら人に褒められても
意味ないジャナイ?

子どもの頃から「人と同じ」ように行動し「人からどう見られるか」を意識する文化で育った私にはP氏の感覚がよく理解できなかったのですが
人からどう思われるか気にならないの？
ならないヨ
長くP氏と一緒に過ごすうちに…
この服ヘンに思われるかなぁ
いや
自分でいいと思うなら着よう！
必要以上に他人の目を気にすることは少なくなり、気持ちがラクになりました
P氏の影響なのか年の功なのかわかりませんが…
とはいえ、あまりにもボロい服は捨ててほしいところではあります
まだ着れるヨ！穴があいてるカラ通気性がいいダレネ！
ボロ…
ふーちょっと休憩しよう
お菓子を持って来たヨ
何持って来たの？
半額
さァ？よくわからナイけどプリャーニキみたいダから買ったヨ
半額だっタレ

プリャーニキとは、小麦粉の生地に
ハチミツやスパイスを入れた
ロシア伝統の焼き菓子
形やデザインはさまざま
見た目は プリャーニクに 似てるけど 和菓子でしょ?
プリャーニキ! 複数形ダよ～ 必ずたくさん 食べるからネ!
単数複数に うるさいP氏
!!
味も 似てるヨ!
たしかに 似てるかも!
和菓子なのに
半額
知ってル? ロシアのトゥーラっていう所のプリャーニキが有名で…
Pさん…
たまには ロシアの 食べ物が恋しく なるでしょ
ならないヨ 日本の食べ物は おいしいダし 体にいいダし
なんて言ってるけど
この前もスーパーで
ロシアの クッキーだ ヨ～!
Печенье
ロシアから輸入!!
ロシアのクッキー
ロシアのお菓子を買い込んでいたし
やっぱり故郷の味が恋しくなるのかな

まあ、私ももしロシアでどら焼きとか見かけたら在庫買い占めるなぁ…
どらやきだ～～!!
ДОРАЯКИ
NON-KI
のん気そうに見えるけどずっと異国で暮らすって大変なことだものね
そうだ!
懐かしいロシアの味「プリャーニキ」を作ってあげよう!
プリャーニキの材料はこちら!
・小麦粉
・牛乳
・バター
・卵
・砂糖
・塩
・ハチミツ
・ベーキングパウダー
・シナモンパウダー
・ジンジャーパウダー
ボールに卵、砂糖、塩、牛乳、常温に戻したバター、ハチミツを入れよく混ぜる
さらにスパイス、ベーキングパウダー、小麦粉をふるいにかけて入れ、よく混ぜたら生地を1センチの厚さに伸ばす。
小麦粉
ベーキング
ジンジャー
シナモン
生地を伸ばしたら、直径5センチくらいの型でくり抜く
コップでもOK!

180度のオーブンで20分焼いたら取り出し冷ます
いい においい〜
粉糖と、水を混ぜアイシング液を作って表面に塗りアイシング液が固まったら…
ペタ
ペタ
プリャーニキの完成!
Pさんの形のも作ったよ
共食いだ
似てますネェ
昔からあるお菓子なだけあって日本人にとってもなんだか懐かしいような素朴な味なのよね
お好みでジャムを入れてもおいしいです
悪くナイですネェ
モグ
モグ
モグ
ちょっとそれ私の分
ほんのりスパイスが香ってお茶うけにピッタリな一品です!

ラッソールニク

рассольник

【材料】 6皿分

牛肉(カレー・シチュー用など)	300g
じゃがいも	2個
玉ねぎ	1個
にんじん	1本
もち麦	50g
トマトペースト	大さじ1
キュウリのピクルス	150g
ピクルスのつけ汁	大さじ3
ブイヨン	適量
塩コショウ	少々
水	2リットル
ローリエ	2枚
スメタナ(サワークリーム)	少々
ディル	少々

【作り方】

1

牛肉、じゃがいもは一口大に切り、じゃがいもは水にさらす。玉ねぎはみじん切りに、にんじんはグレーターですりおろし(または細切り)、ピクルスは5mm角のサイコロ状に切る。

2

玉ねぎ、にんじん、牛肉を、油をひいたフライパンでよく炒める。牛肉の色が変わったら、ピクルスとトマトペーストも加え軽く炒める。

3

鍋に水とじゃがいもを入れ中火にかけ、沸騰したら先ほど炒めた具材、もち麦、ローリエ、ブイヨンを入れ弱火で20分ほど煮込む。

4

ピクルスの漬け汁と塩コショウで味をととのえたら完成。お好みでサワークリーム、ディルを添えて。

プリャーニキ

пряники

【材料】 約15個分

- 強力粉……180g
- 牛乳……80ml
- バター……10g
- 卵……1個
- 砂糖……大さじ2
- 塩……少々
- ハチミツ……大さじ2
- ベーキングパウダー……小さじ1
- シナモンパウダー……小さじ1/2
- ジンジャーパウダー……小さじ1/2

アイシング液

- 粉糖……20g
- 水……小さじ1

【作り方】

1

ボールに牛乳、卵、砂糖、塩、レンジで溶かしたバター、ハチミツを入れよく混ぜる。

2

1に、強力粉、ベーキングパウダー、スパイス各種を少しずつふるい入れ、よく混ぜる。

3

生地がまとまったら、まな板などに打ち粉をふるい、2の生地を麺棒で1〜2cmの厚さに伸ばす。

4

直径約5cmの丸い型でくり抜き、クッキングシートの上に並べ、180度のオーブンで15〜20分焼く。

5

粉糖と水を混ぜアイシング液を作り、冷ましたプリャーニキに塗ってアイシング液が固まったら完成。

夏のロシアにて
アレは クレムリンだヨ
ニュースで 出てくるやつだ
P氏がロシアに一時帰国するということで私も一緒にやってきました モスクワを観光しています
今回は経由地のモスクワで二泊してからサンクトペテルブルクへ向かいます
サンクトペテルブルク
モスクワ
約10時間
東京
有名な赤の広場を見たり
テトリスのオープニングに出てくるやつだ
レストランでロシア料理を食べたりしつつ
サリャンカ 久しぶりに 食べたな～
サラミ・オリーブ・ピクルスなどが入ったスープ
ВДНХ（ヴェーデンハー）という所へ
元々 博覧会のために 作られた場所だヨ
だからこんなに 広いんだ

敷地内には遊園地やお店などもあり市民の憩いの場になっているようです
全部回るのに1日かかりそうだね
アレはソ連時代のアニメの博物館だヨ
今改装中なので入れません
改装中…！ロシアっぽ〜い
でも彼女はわざわざ遠い日本から来たんです何とか中を見られませんか
そんなに遠い所から来たのなら…
どーぞ
入れるんだ…！ロシアっぽい！
こういうロシアの緩さ、いいなと思います
その後もソ連時代のままのようなパッケージのアイスを食べたり
おいしい！
Пломбир ванильный в сахарном рожке
110г
МОРОЖЕНОЕ ПЛОМБИР
80г
レトロかわいいパッケージ
地下鉄のドアに2回挟まったりしながら
バーン
キャー

サンクトペテルブルクへ移動
なんか落ち着くなあ
着いたヨ
Pさんちのエレベーター古くて怖い
ゴウン ゴウン
そンなに怖くないデショ
今回はP氏の実家にお世話になります
あっ
おいしい緑茶
トラックの屋根に愛のメッセージが…！
「マーシャ、愛してる！」と書いてある
МАША, Я ТЕБЯ ЛЮБЛЮ!
ロシアでは地面などに大きく恋人へのメッセージが書かれていることが時たまある
Я ТЕБЯ ЛЮБЛЮ

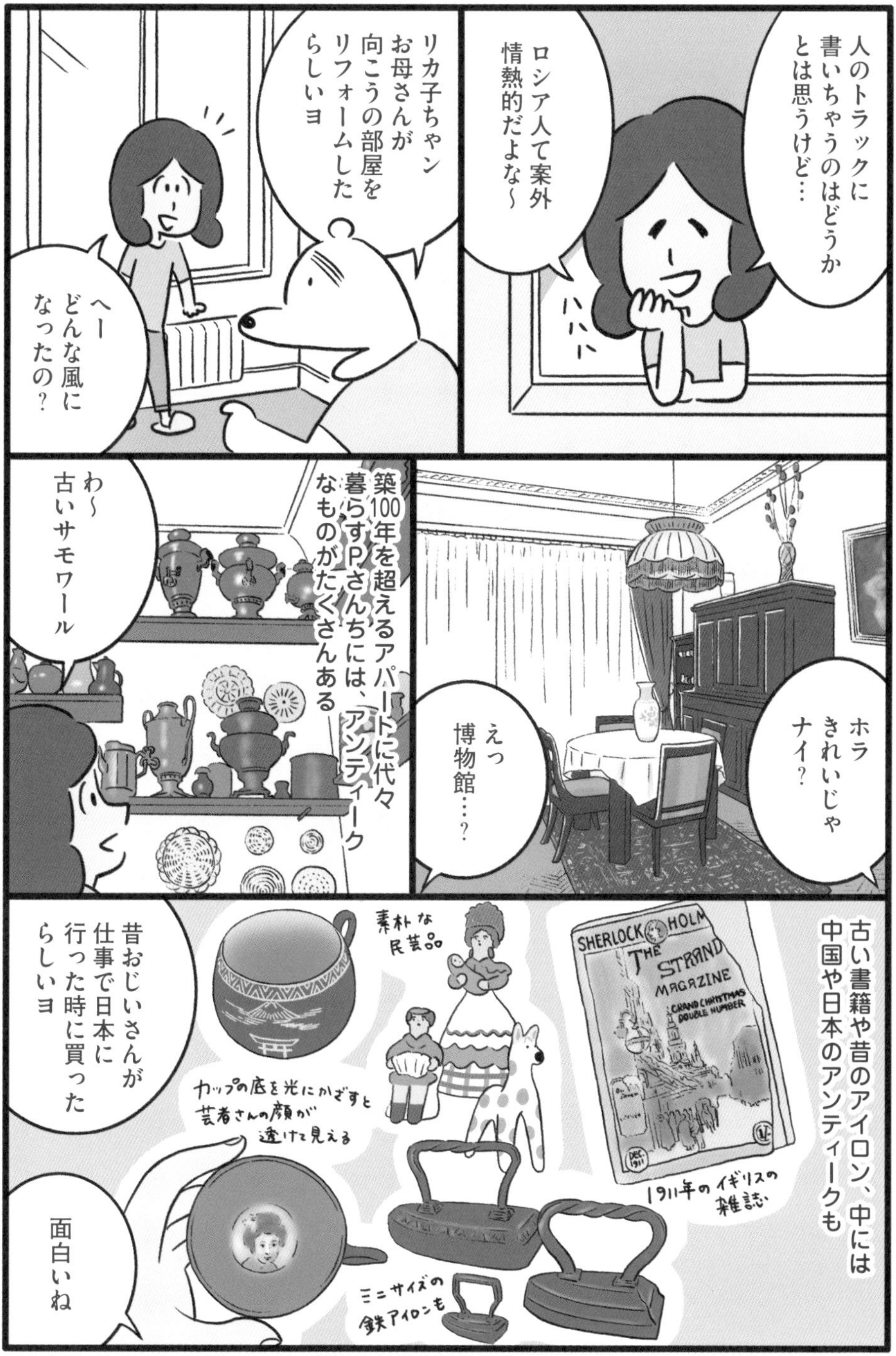
人のトラックに書いちゃうのはどうかとは思うけど…
ロシア人て案外情熱的だよな～
ハハハ
リカ子ちゃんお母さんが向こうの部屋をリフォームしたらしいヨ
へー どんな風になったの？
ホラ きれいじゃナイ？
えっ 博物館…？
築100年を超えるアパートに代々暮らすPさんちには、アンティークなものがたくさんある
わ～ 古いサモワール
古い書籍や昔のアイロン、中には中国や日本のアンティークも
SHERLOCK HOLM
THE STRAND MAGAZINE
GRAND CHRISTMAS DOUBLE NUMBER
DEC. 1911
1911年のイギリスの雑誌
素朴な民芸品
昔おじいさんが仕事で日本に行った時に買ったらしいヨ
カップの底を光にかざすと芸者さんの顔が透けて見える
ミニサイズの鉄アイロンも
面白いね

Pさんはおじいさんが中国史を研究していた影響で日本にも興味を持ったんだよね
これも何かの縁だねえ
日本のふとん屋さんのうちわ
このヒゲのおじいさんは誰?
コレはトルストイだヨ
ひいひいおばあさんがトルストイからもらった絵らしいヨ
え!? トルストイ本人から!? すごいね!
本当に博物館のようなP.氏の実家です
別にふつうじゃナイ?
へぇ〜
翌日
リカ子ちゃん今日は友達の誕生日会に行くヨ
急に言われても何も用意してないからお花でも買っていこうかな
いいと思うヨ

ロシアでは特別な時もそうでない時も気軽に花を贈る習慣があり街中でもお花屋さんをよく見かけます
24時間営業のお花屋さんも
ЦВЕТЫ 24 часа
ЦВЕТЫ
Pさんは何あげるの？
現金だヨ
友達の誕生日プレゼントに現金？
ロシアでは別にふつうだヨ
合理的ですなぁ
きれいな封筒に入れて渡す
В День Рождения!
こんにちは！お誕生日おめでとう！
リカ子ありがとう！
ロシアでは誕生日に友達を招いて料理も自分で用意することが多い
このピュレー（マッシュポテト）おいしいね
たくさん作ったからもっと食べてね
もちろんケーキも食べます
スメタンニク（サワークリームのケーキ）だよ
わーい
いいね！スメタンニク大好き

私からもカードとプレゼント
ありがとう！
ロシアでは30歳、45歳など5年区切りのキリのいい年齢で盛大にお祝いするらしくバースデーカードなどにも年齢が書かれたものがあります
С днем рождения!
30 лет
С Юбилеем
55
「明るく素晴らしい日々を送れますように」みたいな内容の詩が印刷されている
あと、メッセージがあらかじめ印刷してあるカードもあって便利だなと思います
大人になってからは自分の誕生日会なんてやってないけどたまにはいいかもね～
わタしはめんどくさいからやらないけどネ
あ、ベリーとか果物がたくさん出てるね
夏って感じですネェ
サクランボ、モモ、イチゴなど海外からの輸入も多い。
夏には市場などでも大きいスイカやメロンが売られ、スイカ好きなP氏は毎年必ずスイカを買っている
よく売っているのは黄色いメロン
いいスイカの選び方
叩いて音の響きをチェック
コンコン
両手でギュウ～～っと押して中で割れる音がしたら熟している
ギュウ～

わタしは明日
一人で銀行に
行ってくるヨ
そうなの？
じゃあ私は
美術館に
行こうかな
ということで次の日は一人で町を散策
じゃ
行ってきマす
下まで
送っていくわ
すぐトロリーバス
に乗るから
大丈夫デス
でも心配だから
この子は宮殿広場
まで行きますから
よろしく
わかりました
運転手さん
まるで子ども
のよう
海外で一人に
なると
言葉も不自由だし
わからないこと
だらけで
子どもになった
ような心細さを
感じるんだよね
でもわからないことだらけな
環境が逆に自由を感じさせても
くれるんだなあ

あら
かわいいネコ
ちゃん
(ミャウ)
МЯУ
ロシア人はネコ好きな人が多く
P氏のまわりの人もみんなネコを
飼っているか、飼ったことのある
人ばかり
ロシアのネコも
諦観した目を
している…
標識が倒れていたり
道がデコボコだったり
ロシアに
いるんだな～
ボロボロの車
しみじみ
こういう景色を見るとロシアにいる
ことを実感するのでした
世界有数のコレクションを誇る
エルミタージュ美術館を見学
館内はとても広いので一日では
すべてを見切れないほど

やっぱり
エルミタージュは
何回来てもいいな
至福の時…
プルルル
もしもし
リカ子ちゃん
わタしはもう用事が
終わったから
これからネバ川の
クルーズに
行こうヨ
というわけでネバ川クルーズの
船に乗ります
船に乗って
見る景色も
また一味違って
いいね
船内では飲食できるので
軽く食べることに
サンクトの
地ビール
飲みたいな
あと
モルスも
わタしは
ニンニクの
グレンキ
食べるヨ
ニンニクのグレンキとは
揚げた黒パンをニンニクで
味付けしたおつまみ的な一品

ニンニクが効いててビールに合うわ〜
地ビールもおいしいね
ポリポリ
モルスも夏に飲みたくなるロシアの味だなあ
МОРС《モルス》
クランベリーやラズベリーから作るモルスというジュースさっぱりしていてとてもおいしいのです
ベリーの甘酢っぱさがさわやか
ПРОДУКТЫ
楽しかったね
продукты（プラドゥクティ）に寄るヨ
ロシアには（プラドゥクティ）というコンビニのような小さいお店が街中にあります
明日の朝食べる黒パンを買うヨ
あ！
ヴァトルーシカ食べたい！
ロシアに住んでた頃よく食べてたのよね
Ватрушка

トヴァロークというカッテージチーズが入ったパンのこと
トヴァローク（カッテージチーズ）
Ватрушка《ヴァトルーシカ》
クリームチーズパンみたいでおいしいんだよね
連日歩き回って疲れた〜
ゆっくり湯船につかりたいな
お風呂に入れバいいジャナイ？
今日からお湯が出ないのよ
あ！そうだった
ロシアではお湯の工場からパイプを通って各家庭にお湯が送られ蛇口からお湯が出るというシステムの所が多く
そのシステムの所では夏にメンテナンスのためお湯が止まってしまう期間があるのです
お湯の工場
給湯器がないP氏の家ではコンロで湯を沸かし湯船に運ぶという原始的な方法でお風呂を入れることに
ジャー
これもまたロシアの風物詩だなあ
妙にしみじみするロシアの夏でした

ロシアの日帰りバスツアー

こんな感じのものをいただきました
豚のローストとじゃがいものピュレ
サラダ
黒パン
野菜スープ
ロシアには「いただきます」「ごちそうさま」にあたる言葉はないので、これからご飯を食べる人に
Приятного аппетита!
(おいしく召し上がれ！)
И вам!
(あなたも！)
と、声をかけ合ったり
作った人に対して
Спасибо!
(ありがとう！)
Пожалуйста.
(どういたしまして)
と、声をかけたりします
お腹いっぱいで眠い…
そうこうしているうちに
ブロロロ…
カレリアの自然公園に到着！
水が透き通っていてきれい！

ここはきれいな
大理石が採れる
ことで有名な場所なの
宮殿の柱に使われ
たりしているのよ
マーブル
模様が
きれいでスね！
自然を散策します
空気がきれいだな〜
リカ子見て滝よ
少し休憩
しましょう
ハイ
家から持ってきたもので軽食タイム
白パン、チーズ
キュウリ
りんご
日本のお弁当のようなものではありませんが、こういうのも手軽でいいなと思います
外で食べると
おいしいな
キュウリを生でかじるのにもすっかり慣れました
日本のキュウリは
もっと細長いでス.
ポリポリ
ポリポリ
あら そうなの

今回は食べる機会がありませんでしたがカレリアは昔フィンランド領だったこともありフィンランド風の料理が有名です
サーモンのクリームスープ
ジャガイモのパイ
あ、お土産が売ってる
リカ子
何か欲しい？
МАГНИ
マグネットかぁ
うーん…
別に欲しくないでス
私はひとつ買うわ
КАРЕЛИЯ
※ロシア語で話す時は正直になりがち
ロシア人、なぜかマグネット好きな人が多く冷蔵庫にたくさん貼っている人をよく見ます
これはモスクワ、
これはフィンランド、
これは結婚式の…
すごいたくさん！
その後もイベントを見たりしているうちに
ヴァイキングの仮装をしているのね
RPGゲームの世界みたい
もう家に帰る時間です
あっという間だったなあ
ブーーン

ガイドさん
10分間
休憩します
トイレすごい並んでる
間に合わないわね
向こうのトイレに行きましょう
え？向こうって…
「森」
よく見るとみんな茂みに隠れて用を足しているのでした
天然のトイレ…
全然動かないデスネ
渋滞してるわね

もう2時間くらい渋滞にはまってる…何時に着くんだろう
疲れたーヒマだなー
ねえ しりとり しよ
ZZZ
стол
лошадь
дача
арбуз
ウトウト
ロシアにもしりとりあるんだ…
途中でガイドさんが帰ったりしつつ
じゃあ私はここで！
さよなら！
帰っちゃうんだ
深夜12時半ようやく帰宅
バターーッ
つ、疲れた～
遅かッタですネェ
まさか日帰りツアーが18時間もかかるとは…
ぐったり
後でこの日に行った場所を地図で見てみたら…
片道350キロ…!? なんでその距離で日帰りツアー組もうと思ったの!?
今日行った所
約350km (東京→名古屋と同じくらい)
サンクトペテルブルク
ロシア人の日帰りの概念恐ろしや…と思った1日でした

ロシア版サワークリーム「スメタナ」

水切りしたプレーンヨーグルト300mlに
生クリームを約50ml入れると
「スメタナもどき」が作れます。

スメタナで作るケーキ「スメタンニク」

ちょっとチーズケーキに似たお味。
チョコレートソースがかかってるのもある。

おいしいジョージア

みなさま
あらためてこんにちは
キャー
子どもが生まれて
ますますにぎやかになった
シベ家です
娘のプリ子もすくすく育ち
あっという間に生後半年に
そろそろこの部屋の
契約も切れるね
築50年近いこの部屋はもうすぐ
取り壊すので出て行かないと
いけないのですが…
次の部屋
探さなきゃねえ
次はジョージアに
住めバいいジャナイ?
なんで
海外!?

ジョージアは前に旅行して
自然も文化も食べ物も
気に入ったけど住むとなると…
ジョージア料理おいしい〜
ロシアもいいけど
冬は寒すぎるダシ
ジョージアは食べ物も
おいしいし気候も
いいダシ
わタしも
向こうでも
仕事できるダシ
半年くらいなら
いいジャナイ?
ジョージア滞在セミナー
・たべものがおいしい
・ワインもおいしい
過ごしやすい気候
けっこうロシア語が通じ
物価がやすい
この状況
前にもあったような
子連れで
海外生活って
不安もある
けど…
まあ半年くらい
ならなんとか
なるかなあ
向こうで
借りる部屋も
見つけたヨ!
というわけであわただしく荷造りやら
プリ子ちゃんの予防接種を済ませ
バタ
バタ
荷物は
倉庫に
あずけることに
不安もあった
けど
ジョージアに
行けると思うと楽しみに
なってきたな〜
ワク
ワク

ジョージアはコーカサス地方に位置する人口約400万人の国
ロシア
黒海
ジョージア
トビリシ
トルコ
アルメニア
アゼルバイジャン
イラン
1991年にソ連から独立し以前は日本では「グルジア」と呼ばれていました
豊かな自然に恵まれた美しい国です
ちなみに日本人もロシア人もビザなしで1年間滞在できます
直行便はないのでドーハ経由で向かい
トビリシ
東京
ドーハ
バシネットに置くと泣いちゃうのでずっとだっこ
約16時間の旅を終えようやく首都トビリシに到着
着いた…
フラ
フラ
早速今回借りる家具付きの部屋に入居します
広い部屋だからたくさんハイハイできるね
大家さんとそのお父さんと息子さん
ロシア語が話せる大家さんなので事務的なことはすべてP氏にお任せ
Спасибо. До свидания!
(ありがとう さようなら)
До свидания!
(さよなら!)

幸い時差ボケにもならず朝を迎えた翌日
リカ子ちゃん買い物に行こうヨ
トビリシも9月は結構暑いね
湿度は低いけど
夏ですネェ
ジョージア文字の看板って味があっていいなあ
რესტორანი ბარი
手描きのレストランの看板
ジョージアでは主にジョージア語が話されていますが、私もP氏もジョージア語はさっぱり
გამარჯობა《ガマルジョバ》
（こんにちは）
მადლობა《マドロバ》
（ありがとう）
とりあえずガマルジョバとマドロバだけは覚えたよ
世界的なチェーン店のマクドナルドやH&Mなどもジョージア文字で表記されています
なんかおもしろいね
M
მაკდონალდსი
マクドナルド
SUBWAY საბვეი
サブウェイ
ჰ&მ
エイチアンドエム

Pさん
買い物の前に
腹ごしらえ
しよ
いいですネェ
ファミレス的なジョージア料理
レストランで食べることに
ハチャプリと
サラダと
ヒンカリと…
ワタシは
シャシリク
たべたいナ
英語のメニュー
どーーん
思ったより
量が多い…！
やっぱり
ハチャプリ
おいしいな〜
プリ子ちゃんも
大きくなったら
食べようね
ハチャプリとはジョージアでとても
ポピュラーなチーズ入りの
パンのことで 形や味もさまざま
アチュマ
ゆでた薄い生地とチーズと
バターをミルフィーユ状に
重ねて作る。
イメルリ・ハチャプリ
薄く丸く伸ばした生地に
イメルリチーズを入れた、チーズピザ
のようなハチャプリ。
わりとどこでも売っている。
アジャルリ・ハチャプリ
舟のような形のハチャプリ。
中にチーズが入っていて、まん中には
卵黄とバターが乗っている。

街中にもハチャプリ屋さんがあったり
スーパーの中にハチャプリコーナーがあったりしていつでも気軽に食べられます
khachapuri
大型スーパーの一角にハチャプリコーナーが
私が初めてジョージア旅行した時にこのアジャルリ・ハチャプリのことを知り
まわりのパンをちぎって真ん中のバターと卵につけて食べるんです
バターとチーズと卵黄を混ぜる
ぐちゃぐちゃ
わぁ～！
こんなに罪深い食べ物が世の中にあったなんて…！
おいしくないわけないよね
と思ったものでした
ふうつい食べ過ぎてしまった…
気をつけなきゃ…
あそこで何か売ってるネェ
これはなんですか？
手作りのマッツォーニおいしいよ

マッツォーニってジョージア風ヨーグルトのことだよね
さっぱりしておいしい
スーパーでもカップ入りのものがよく売っている
3.2%
ジョージアは乳製品もよく作られておりチーズも様々な種類のものがお店や市場で売られています
スルグニ
あっさりしたモッツァレラのようなチーズ
イメルリ
しょっぱいチーズ。イメルリ・ハチャプリに使われる
これなら離乳食中のプリ子ちゃんも食べられていいね
ヨーグルト好きだし
こちらに来てから離乳食に何をあげようか？というのが心配のタネだったのですが
赤ちゃんには何を食べさせマスか？
カーシャ（オートミール）とか野菜のピュレーとか
大家さんの奥さん
こんな感じのものをあげていました
カーシャ（オートミール）
マッシュポテトを牛乳でのばしたもの
ヨーグルトのフルーツソースがけ
うす味の野菜スープの具をつぶしたもの
ドラッグストアやスーパーでもベビーフードが売られており
インスタントオートミール（お湯と混ぜるとオートミールができる）
oatmeal for baby
瓶詰めのベビーフード
赤ちゃん用クッキー
ДЕТСКОЕ ПЕЧЕНЬЕ
毎食作るのは大変なので滞在中はお世話になりました

あの細長いパンを持っている人よく見かけるね
歩きながら食べてる人も見かけた
ムシャムシャ
あれはショティでショジョージアのパンだヨ
このショティというパン、ジョージアでは欠かせない食べ物で私達も主食として毎日のように食べることになるのでした
ひき肉や豆が入っているものもある
大きなかまどに生地をはりつけて焼く
焼きたてはやわらかいのですが時間が経つと固くなるのでレンジで温め直して食べています
外はサックリ、中はフワッフワでフランスパンみたい
ここで売ってるヨ
ひとつ買っていこう
えーと…
ワンショティプリーズ

エルティ
え？エルティ？
エルティ
あ！
ジョージア語で「1」を「エルティ」って言うのか
マドロバ
つい英語やロシア語で話してしまうけど簡単なジョージア語と文字はわかるようになりたいなあ
ジョージア文字の学習ノートを買いました
子供向けの学習ノート
パリジェンヌならぬトビリジェンヌだね
なんて
そういうのがあるナのかナァ
あ！見て！ぶどうがなってる！
街路樹にぶどうの樹が生えてるなんてさすがジョージアだね
あまい

ジョージア正教のシンボルである十字架は、ぶどうの木で作られたものであるという言い伝えがあるほど
ジョージアにキリスト教を伝道したと言われている聖ニノ
ジョージアとぶどうは古くから密接な関係があるのです
もうすぐぶどう狩りのシーズンらしいヨ
行ってみればいいジャナイ？
ツアー会社にロシア語が話せるガイドさんを頼み
カヘティ州というぶどうとワインで有名な場所へ日帰りで行くことになりました
トビリシを少し離れると自然が広がる
ブーーン
トビリシから車で約2時間でカヘティ州の街に到着
あれはシグナギという街です

ジョージア正教の修道院を見学したり
女性は中に入る時はスカーフで髪を隠してください
市場をブラブラしたり
スパイスはちみつワイン色々売ってるね
カヘティはピロスマニゆかりの地なんです彼の絵が見られますよ
見たいなあ
ピロスマニは19世紀末～20世紀はじめに多くの作品を残したジョージアの画家
ニコ・ピロスマニ
1862-1918年
日本でいうところの北斎のような国民的画家で、トビリシのナショナルギャラリーにもたくさんの作品が展示されています
素朴で哀愁があって好きな絵だなあ
では移動してぶどう狩りに行きましょう！

ぶどうの山
わートラックにたくさんぶどうが
JX-333-XI
足場が悪いので気をつけてください
でこぼこ
これはルカツィテリというぶどうで白ワインに使われている品種です
ぶどう農園のスタッフさん
ちょっとつまみ食いしてみると…
わ～！甘い！ワインに使われるぶどうなのにこんなに甘いんだ
ジョージアワインて果実の香りがしっかりしたワインが多い気がしてたけどこんなぶどうから作られるなら納得だねえ
ワインにするのがもったいナイくらいですネエ
おいしいね～
プリ子ちゃんもつぶした実をたべる

続いてワイン作り体験
ジョージアワインはぶどうの実をつぶしてクヴェヴリという土器に入れて熟成させて作ります
クヴェヴリ
これが埋まっている
この製法は8000年前から続いており世界無形文化遺産にも登録されています
足でぶどうの実をつぶし…
少し果汁が出てきたよ！
チョロチョロ
簡単じゃナイですネェ
この果汁を皮や種ごとクヴェヴリに入れて熟成させます
なるほど
今までなんとなく飲んでたけど作り方を知ると一層おいしく感じられそうだね
ワタシは作るより飲む方がいいですナァ

よかったら
チュルチヘラ作りも
体験しますか？
作って
みたい！
チュルチヘラとは、ぶどうの果汁と
小麦粉を混ぜたものの中にクルミなど
のナッツが入った伝統的なお菓子
ぶどう果汁と小麦粉を混ぜて鍋で
温め
紐に通したクルミを鍋に入れて
よくからませる
棒などに吊るして中まで固まったら
完成！
お店のと違って
不格好だけど
これはこれで
いい思い出に
なるね
おいしくて楽しい
カヘティ旅行でした！
しあわせ〜♪

ジョージアで年越し

今日はジョージア料理教室に参加してヒンカリという料理を作っています！
英語
まず小麦粉と水を混ぜて生地を作ります
ヒンカリとはスパイスで味付けした挽き肉を小麦粉の生地で包んだ大きな小籠包のような料理
使う肉は豚・牛・羊などさまざま
とてもポピュラーな料理でスーパーなどで冷凍ヒンカリが売っていたりします
KHINKALI
KHINKALI
KHINKALI
KHINKALI
生地作るの大変だなあ
「餃子の皮」みたいに「ヒンカリの皮」とか売ってないかな
コネ
コネ
コネ
たぶんない
生地をラップで包んで休ませている間に具の準備
まぜ まぜ
合い挽き肉にみじん切りの玉ねぎ、パクチー、クミン、塩コショウ、レッドペッパー、水を入れよく混ぜる

生地を１センチほどの厚さに伸ばしましょう
直径5センチほどの型でくり抜いたら
さらに2ミリほどの厚さになるよう伸ばします
生地の真ん中に具をのせ
細かいひだをつくるように包んでいきます
簡単でしょ
私のはきれいじゃないわ
難しい…
試行錯誤しながら包み
塩をひとつまみ入れたお湯で茹でたら…
グツグツ

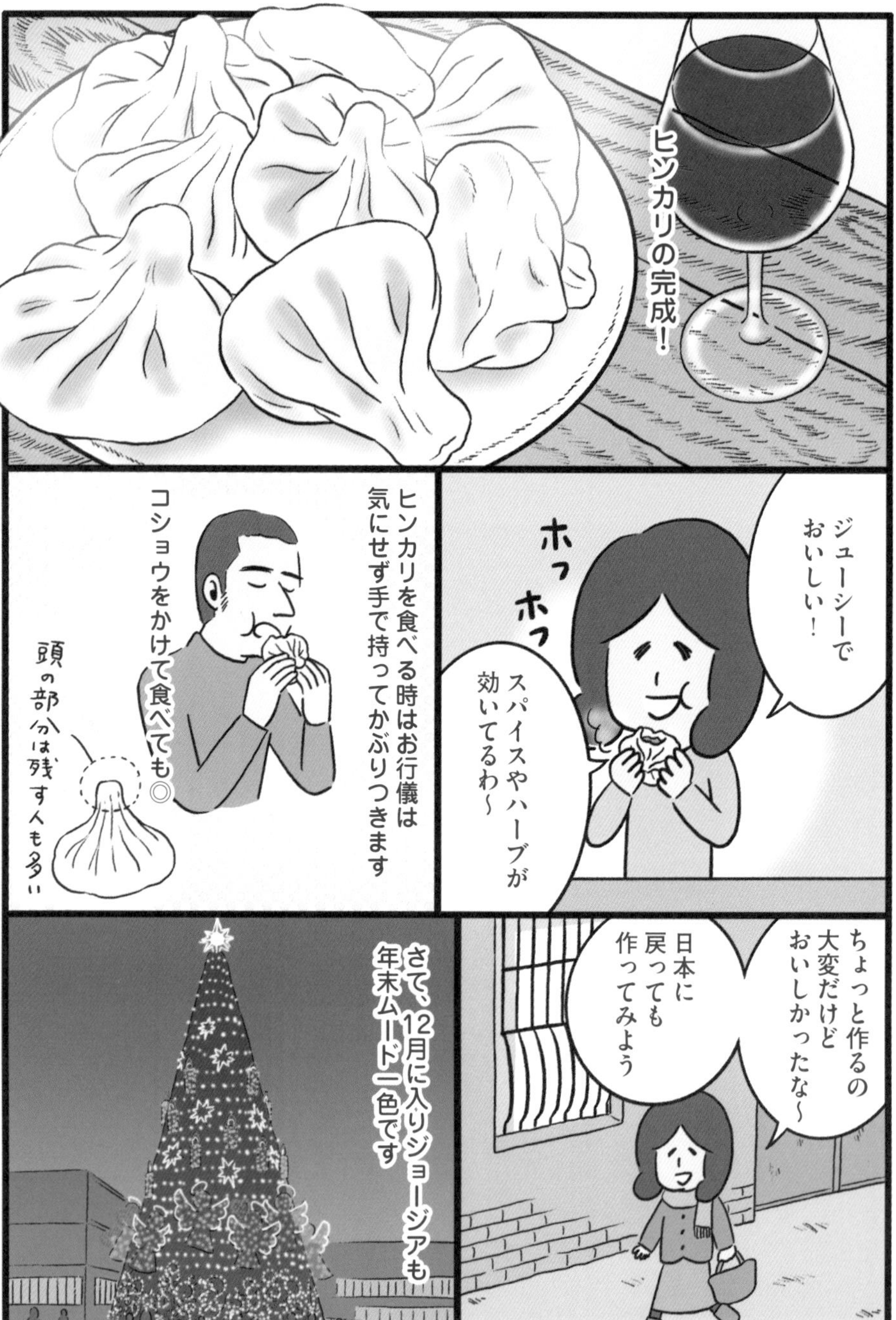
ヒンカリの完成！
ジューシーで
おいしい！
ホッ
ホッ
スパイスやハーブが
効いてるわ〜
ヒンカリを食べる時はお行儀は
気にせず手で持ってかぶりつきます
コショウをかけて食べても◎
頭の部分は残す人も多い
ちょっと作るの
大変だけど
おいしかったな〜
日本に
戻っても
作ってみよう
さて、12月に入りジョージアも
年末ムード一色です

メインストリートはイルミネーションで飾り付けられ
ジョージアにもサンタさんが…
あれ？何かちがう…？
Tovlis BaBua
ジョージアにはジョージア版サンタ「トブリス・バブア」がいるようです
ジョージアの民族衣装着ててカッコいい…！
ショッピングモールにはジョージア風クリスマスの写真が撮れるコーナーがあったので記念にパシャリ
チュルチヘラ
ジョージアでは年末年始に何食べるんだろう
この前ジョージア人に聞いたダけどネェ…
お正月は豚の丸焼きを食べるらしいヨ
へぇ～!!

なんでも、例のショティ屋さんの大きな窯で豚を丸ごと焼いてもらうため予約をするのだそう
わタシ達も焼いてもらえバいいジャナイ？
市場に豚を買いに行こうヨ
というわけで中央市場にやってきました
賑わってるね！
山のような野菜や果物
そしてクルミやナッツ類も
クルミはジョージア料理によく使われるからね

漬物も山のように売っています
酸っぱくておいしいのよね〜買っていこう
かわいいわねえ名前は？
プリ子です
この日だけで30人くらいの人に声をかけられたのでした
プリ子ですって
いい名前だ
ワイ
ワイ
ワイ
何か月？
ジョージアの人は赤ちゃん好きなんだなあ
あれ!?
これって干し柿!?
なんと干し柿を発見
日本で食べるやつと同じ味だあ！まさかジョージアで干し柿が食べられるとは！
故郷の味との思わぬ再会でした

豚はあそこで売ってるネェ
わぁ 本当に丸ごと売ってる
インパクトあるね
ゴクリ
大小さまざまな豚が売られています
ふたりで食べるので小さめの豚さんを買いました
あ！チチラキも買わなきゃ
そのままビニール袋に入れて渡される
チチラキとは1月7日のジョージア正教のクリスマスをお祝いするために飾るツリーのこと
大小さまざま
クルミなどの木から作られる
お菓子とかリボンで飾り付けしてクリスマスが過ぎたら燃やすらしいよ
かわいい♪

たくさん買い物をし、家の近所のショティ屋さんへ
市場に行くとつい色々買っちゃうね
いいことなんジャナイ？
お正月用の豚を焼いてほしいのですが
大みそかと元旦は予約がいっぱいだから2日以降なら空いてるよ
やっぱりみんな早めに予約を入れるんだね
ごめんよブーちゃん
2日まで豚さんは冷蔵庫で保管することに
そんなこんなで大みそかの夜です
ワイン、チーズ、ハチャプリ、スープなどで年越し
ほとんど買ったものばかり
へへへ
バドリジャニという薄く切った揚げナスでクルミのペーストを巻いた前菜をお店で買ったのですが…

揚げナスとクルミとニンニクの組み合わせ！おいしくないわけないよね〜！
ジョージア人て天才じゃない!?
シベ的かなりお気に入りの一品です
テレビでジョージアダンスやってる
ジョージア伝統のダンスは躍動感あふれる激しい踊りで生で見てもなかなか迫力があります
ブラボー!!
観客の熱気もすごい
その後もジョージア正教のお話などが続き…
何言ってるかわからないけどなんとなく見ちゃう
そういえばジョージアも大みそかは花火上げるらしいね
プリ子ちゃんも起きちゃうだろうな

あら
年明け2分前なのに
もう上げてる
ヒュー
ベランダで
見れバいい
ジャナイ?
パーン
そして日付が変わる時刻には…
パーン
パーン
あたり一面に花火が上がり
さながら花火大会のよう
パーン
パン
パン
ヒュー
パーン
ヒュー
うわ~~~!
すごい!
パーン
みんな
自分の家の
ベランダから
上げてるんだ
後にも先にも人生で一番
賑やかな年明けになったのでした
思ってた花火
と全然
違ったけど
おもしろ
かったね
お正月って
感じです
ネエ!

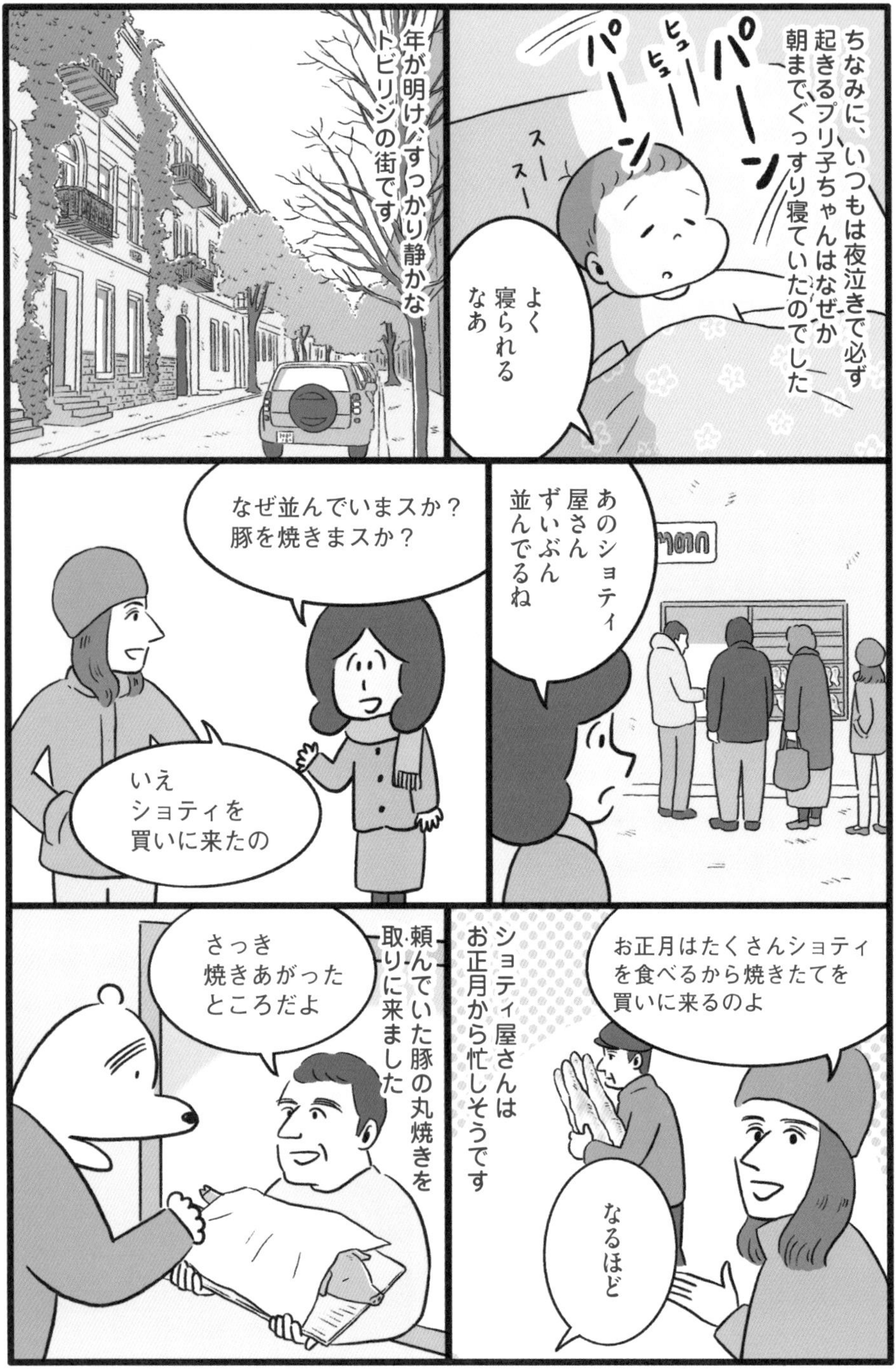

ちなみに、いつもは夜泣きで必ず起きるプリ子ちゃんはなぜか朝までぐっすり寝ていたのでした
パーン
ヒュ
ヒュ
パーン
スー
スー
よく寝られるなあ
年が明け、すっかり静かなトビリシの街です
あのショティ屋さんずいぶん並んでるね
なぜ並んでいまスか？
豚を焼きまスか？
いえ
ショティを
買いに来たの
お正月はたくさんショティを食べるから焼きたてを買いに来るのよ
ショティ屋さんはお正月から忙しそうです
なるほど
頼んでいた豚の丸焼きを取りに来ました
さっき
焼きあがった
ところだよ

段ボールと紙に包んで持ち帰り…
シュールな図だなあ
わぁ〜!
スパイスで味付けてから焼いてくれた.
切り分けるヨ
「命をいただく感」がすごいね
残さずいただきます
!!
けものっぽい味…!
いつも食べてる豚肉とは全然違うねワイルドな味だわぁ
ほんとの豚肉の味って感じですナァ
日本ではなかなか食べられない豚の丸焼きもいただき
コジナキ(ハチミツとクルミのお菓子)もたべよっと
ジョージアのお正月を満喫できました!

ヒンカリ

ხინკალი

【材料】

約20個分

強力粉	300g
水	150ml
塩	小さじ1
合い挽き肉	300g
玉ねぎ	1個
パクチー	20g
塩コショウ	少々
クミンパウダー	少々
レッドチリパウダー	少々

【作り方】

1

ボールに強力粉を入れ塩を加え、水を少しずつ足しながらよく混ぜる。台に打ち粉をふり、生地がまとまるまでよくこねる。
生地がまとまったらラップで包み常温で30分ほど休ませる。

2

玉ねぎとパクチーをみじん切りにし、合い挽き肉、塩コショウ、スパイス各種、水大さじ3（分量外）を加えよく混ぜる。

3

生地を1cmの厚さに伸ばし直径5cmの型で抜く。皮同士がくっつかないよう小麦粉をふるい、乾かないようラップをかけておく。

4

先ほどの皮を1枚ずつ直径15cmほどの大きさに伸ばし、真ん中に具をのせてひだを作りながら包む。

5

鍋に塩をひとつまみ（分量外）入れた湯を沸かし、ヒンカリを1つずつ入れる。ヒンカリ同士がくっつかないよう時々優しくかき混ぜ、ヒンカリが浮いてきてから5分ほど茹でたら完成。お好みでコショウをかけて。

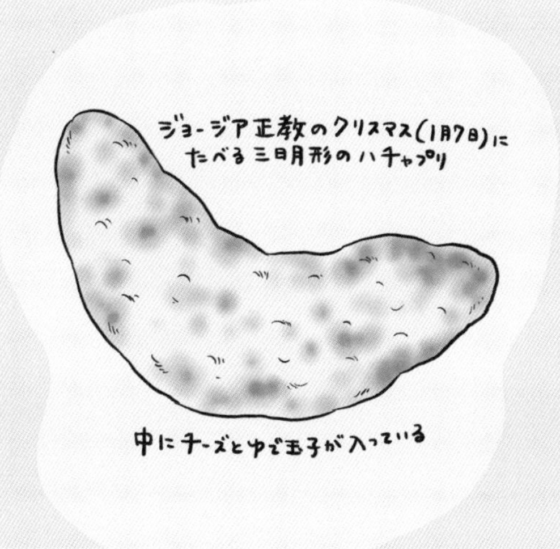
ジョージア正教のクリスマス(1月7日)に
たべる三日月形のハチャプリ
中にチーズとゆで玉子が入っている

元気の出る味

ボ～～～
あのアパートはソ連時代のデザインですネエ
あ、雨降ってきた
ポッ
ポッ
酷くなる前に帰ろう
最近雨多いね
ハー
プリ子ちゃんの夜泣き対応で寝不足だしなんか元気出ないな
ところで近所に雨どいがこんな風になっているアパートが何軒かあるのですが
ドボドボ
歩道のまん中に水がおちてくる
なぜなのでしょうか…？
今日のお昼は冷凍ヒンカリにしよ
作る気力がない
それよりどこかに食べに行けバいいジャナイ？

もうすぐ日本に戻るダし今のうちにジョージア料理を食べようヨ
Pさんていつでも元気だね
お昼には雨も止んだのでレストランへ
えーと…
MENU
シュクメルリとハルチョーと…
どーん
これがシュクメルリ…！
シュクメルリとは焼いた鶏肉を牛乳とたっぷりのニンニクで煮込んだ料理
うま～い！
香ばしい鶏肉と暴力的なほどのニンニクの香りが織りなすハーモニー

ワハハ なんか元気出てきた
モグモグムシャムシャ
残ったソースもパンにつけて完食
ハルチョーもクルミたっぷりでおいしい!
牛肉、玉ねぎ、トマト、くるみなどを煮込んでスパイスで味付けしたスープ
ロシアでもよく食べられてるよね
おいしいもの食べたら元気出るなんて単純だなあ
いいことなんジャナイ?
晴れてきたしちょっと散歩しよう
トビリシって自分でリフォームした感じのベランダをよく見るよね
自由ですネェ
何気ない風景を見ながら散歩するのって楽しいね
趣のある中庭だわぁ

あら 結婚式してる
ジョージアの伝統衣装着てる！すてき〜！
このあたりは温泉街だね
トビリシには硫黄の温泉が湧いており日帰り入浴できる施設もたくさんあります
そういえばまだここの温泉入ったことないのよね
入ればいいジャナイ？
「トビリシ」という都市名も「あたたかい」という意味の単語から付けられたとも言われており トビリシの温泉は古くから人々の癒しとなっているようです
日本の温泉街と同じにおいがする！
山がって川があって…なんとなく街の雰囲気も似ているような

トビリシの温泉には19世紀のロシアの詩人・プーシキンも訪れたことがあるとか
きれいな建物だわ
じゃ私ひとっ風呂浴びてくるからプリ子ちゃんのことよろしく
ハーイ
人気のお風呂屋さんは予約必須ですがオフシーズンの平日なのですぐ入れました
個室でバスタオルもお願いしまス
オプションであかすりなどもある
ハァ〰〰生き返るなァ
お湯加減もちょうどいいわぁ
やっぱり温泉っていいな
ポカポカ
すっかりリフレッシュできたわ
どこから来たの？フィリピン？
←英語
日本でス
へえ！日本か！

カメラを持ってるならおじさん達を撮りなさい
え？じゃあ…撮りますね
パシャ
はいチーズ
トビリシを歩いていると陽気なおじさんに出会えるかもしれません
お待たせ〜いい湯だったよ
よかったですネェ
なんでもそろう大型スーパーに寄り道
そうだスーパーに寄ってお土産を買おう
20%
ジョージア料理に欠かせないスパイス・ハーブ類のコーナーはさすがの充実度
SPICES CORNER
中にはボルシチ用のスパイスミックスなんかも
ボルシチも辛くしちゃうんだ…！
Seasoning for borsch
Приправа для борща
パクチーやウツホスネリというスパイスなどが入っている

ソースやスパイスなどいろいろ買いました
フメリスネリ
バジル、パクチー、唐辛子などを混ぜたスパイス。あらゆる料理の調味料に使われる。ロシアでもよく売っている。
Khmeli suneli
ハチミツ
栗、アカシアなど色々な花のハチミツが売られている。今回はボダイジュのハチミツを購入。すっきりした甘さ。
Honey "Linden"
WHOLENUTS
チュルチヘラ
真空パックなので日持ちする。
アジカソース
唐辛子、ニンニクなどから作られる辛いソース。こちらも肉料理にピッタリ。ロシアでもポピュラーなソース。
100%
ADJIKA
ツケマリソース
プラムやパクチーから作られる酸味のあるソース。プラムの種類によって、赤いものもある。肉料理に合う。
あそこでナポレオン買って帰ろうヨ
いいねえ
ナポレオンとは、ロシアや旧ソ連圏で食べられているサクサクのパイ生地とクリームをミルフィーユ状に重ねて作ったケーキのこと
よく通る道にナポレオンを安く売っているお店があり、大きくて安くておいしいのでたびたび買っていたのでした
ナポレオン4つください
崩れないようダンボール板に乗せてくれる
エクレアなども売っている
1-30
当時ひとつ約40円
おっと段差が
ゴツ

Can I help you?
サンキュー
サッ
ジョージアでの子連れのお出かけは
人に助けられてばかりでした
座って座って
マドロバ
街中やお店で
驚くほど話しかけられたり
スーパーの店員さんに囲まれる
プリ子ちゃん全然人見知りしないね
ハチャプリ食べてる間に店員さんがだっこしてくれている
そんなプリ子ちゃんも
ジョージアで1歳の誕生日を
迎えました
記憶には残らないけど、ここでの生活が
何かしら良い影響を
与えてくれているといいなと思います

さてと
お土産も買ったし
あと何か忘れ物
ないかな？
あ！
ハチャプリの
作り方
教わってない！
というわけで、元レストラン経営者の
オリガさんに教わることに
全然難しく
ないのよ
材料はこんな感じ
イメルリチーズ
小麦粉
牛乳
バター
卵
ヨーグルト
ドライイースト
Dry Yeast
塩
砂糖
ボールにぬるい牛乳、ヨーグルト、
卵を入れてよく混ぜる
さらに砂糖、ドライイースト、油、
塩も入れ混ぜる
シャカ
シャカ

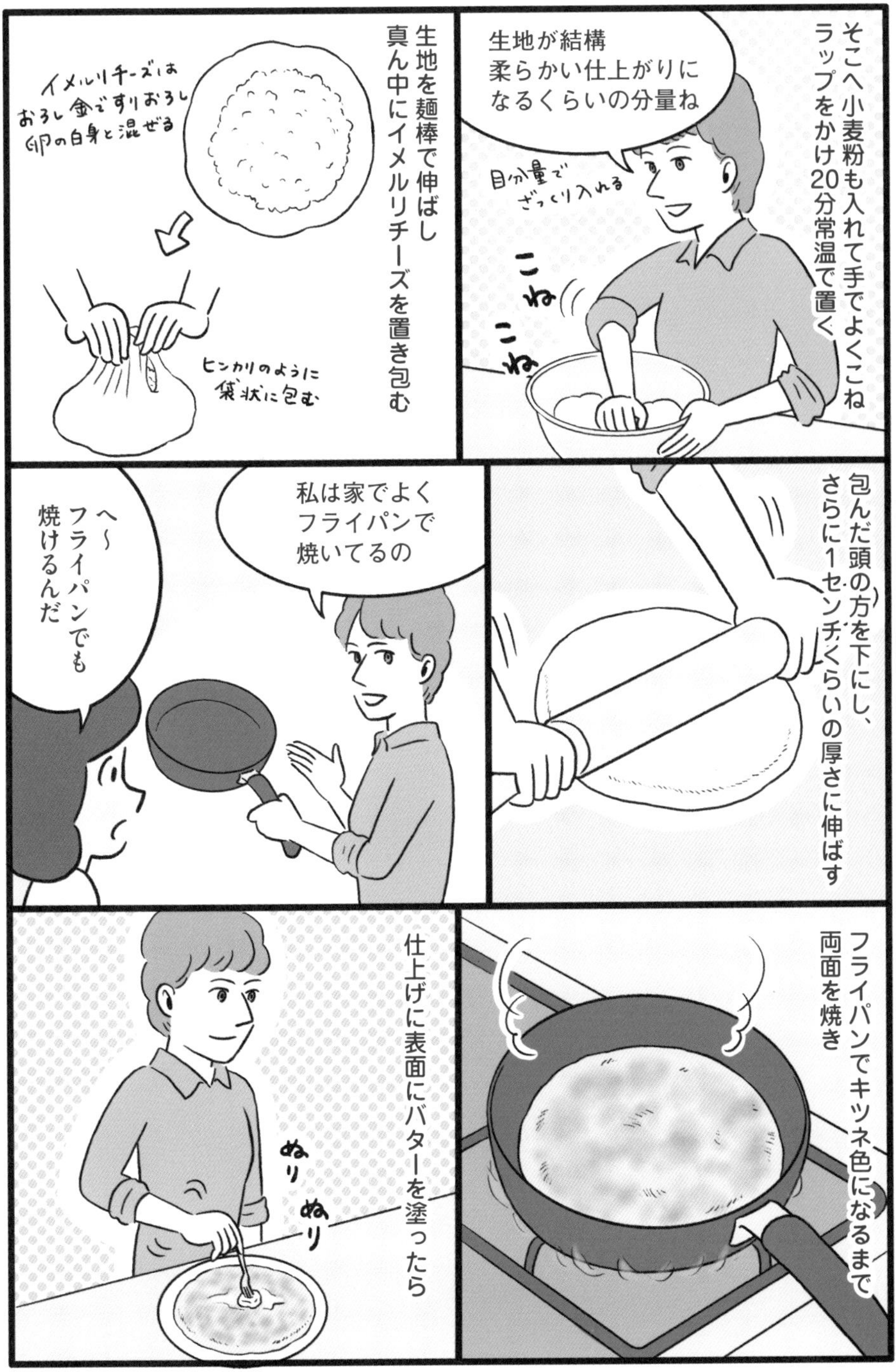

そこへ小麦粉も入れて手でよくこね
ラップをかけ20分常温で置く
生地が結構
柔らかい仕上がりに
なるくらいの分量ね
目分量で
ざっくり入れる
こね
こね
生地を麺棒で伸ばし
真ん中にイメルリチーズを置き包む
イメルリチーズは
おろし金ですりおろし
卵の白身と混ぜる
ヒンカリのように
袋状に包む
包んだ頭の方を下にし、
さらに1センチくらいの厚さに伸ばす
私は家でよく
フライパンで
焼いてるの
へ〜
フライパンでも
焼けるんだ
フライパンでキツネ色になるまで
両面を焼き
仕上げに表面にバターを塗ったら
ぬり
ぬり

イメルリ・ハチャプリの完成！
焼きたておいし〜い！
思ったより手軽に作れるんだね！
同じ生地でアジャルリも作れるのよ
生地を伸ばして真ん中にチーズをのせて半分に折って包み口をしっかり閉じる
包んだ口を下にして舟形に形成
真ん中にナイフで切り込みを入れて口を開いて形を整える
スー
貫通しないよう注意
チーズを巻き込みながらここに高さを出しつつ形を整える

さらにチーズをのせ
オーブンで焼き、バターと卵の黄身を
のせれば
アジャルリ・ハチャプリの完成！
これで日本でも
ハチャプリが
作れます！
マドロバ！
気をつけて
帰ってね
あっという間の
半年だったなあ
プリ子ちゃんの
思い出の場所も
たくさんできたね
きっとまたいつか家族で来ましょう！
ナフヴァムディス！（さようなら）

【作り方】

1
鶏肉に塩(分量外)を軽く振り、塩もみする。ニンニクは潰す。

2
温めたフライパンに油をひき、鶏肉の皮目を下にして並べて焼く。キツネ色になったら裏返して、フライ返しなどで押し付けながら、中に火が通るまで両面パリパリに焼く。

3
鶏肉が焼けたらいったん取り出し、フライパンに残った鶏の脂に、バター、潰したニンニクを加え軽く炒め、牛乳を少しずつ注いで塩を振り弱火で5分ほど煮込む。煮込んでいる間に牛乳が少なくなったら少しずつ足す。

4
3にとろみがついたら、2の鶏肉にかけて完成。

【材料】

4人分

骨付き鶏モモ肉(またはモモ肉)……1kg
牛乳……300ml
バター……10g
ニンニク……1個～
(お好みでもっと多くてもOK)
塩……小さじ1

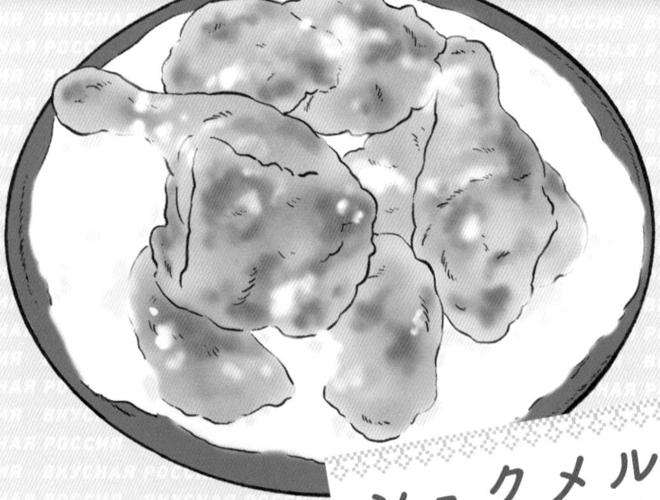

シュクメルリ

შქმერული

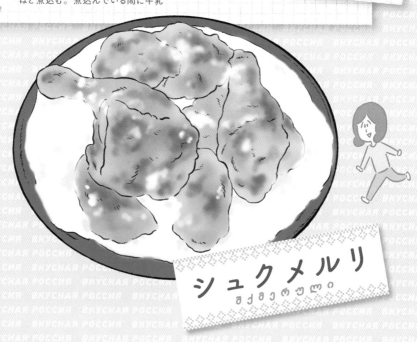

イメルリ・ハチャプリ
იმერული ხაჭაპური

【材料】1枚（2人分）

強力粉	200g
牛乳	70ml
卵	1個
ピザ用チーズ	100g
プレーンヨーグルト	大さじ1
砂糖	小さじ2
塩	小さじ1
ドライイースト	小さじ1
植物油	小さじ1
バター	少々

【作り方】

イメルリ・ハチャプリ

1

ボールにぬるく温めた牛乳、ヨーグルト、卵を入れ混ぜる。

2

さらに砂糖、塩、ドライイースト、植物油を入れ混ぜ、少しずつ強力粉を入れ、よくこねる。生地がまとまったら、ふきんなどをかけて20〜30分休ませる。

3

生地を直径20cmくらいに伸ばして真ん中にチーズをのせ、生地の端を持ち上げて袋状に包み、口をしっかり閉じる。

4

閉じた口の部分を下にして、麺棒で薄さ1cmくらいまで伸ばす。

5

テフロン加工のフライパンに、油をひかずに生地をのせ、両面キツネ色になるまで中火で焼き（片面3〜5分）仕上げにバターを塗ったら完成。

アジャルリ・ハチャプリ

1

イメルリ・ハチャプリと同じ生地を作り、生地を伸ばして半分の分量のチーズを真ん中に置き、餃子のように半分に折って包む。

2

包んだ口の部分を下にして置き、平らにし、ボートのような形に形成する。

3

真ん中にナイフで一筋切り込みを入れて丸く口を開き、高さが出るように形を整える。

4

残りのチーズをのせ、250度のオーブンで15分ほど焼く。（焼き色がつくまで焼く。時々様子を見ながら時間は調整してください）

5

オーブンから取り出し、卵の黄身（分量外）をのせて、オーブンの余熱で2〜3分温め、一口大に切ったバターをのせたら完成。

アジャルリ・ハチャプリ
აჭარული ხაჭაპური

子連れウラジオストクの旅

ジョージアから日本に戻り
新しい部屋を借りて
3人で暮らしています
ハチャプリとシーできたよ～
ピザ!
帰国から半年経った9月のある日…
しばらくロシアに行ってないねえ
ロシアって広いから
サンクトペテルブルクは
遠いけどウラジオストク
ならすぐ行けそうだよね
サンクトペテルブルク
ウラジオストク
じゃあ行けバいいジャナイ?
ウラジオストクって
近いダし
2泊3日とかで
行けるでショ
じゃ
航空券と
ホテルを
探すヨ
行動が早い…

2泊3日なら
なんとかなるか
あ！
私とプリ子ちゃんはビザを申請しないと
プリ子ちゃんは日本国籍
写真を撮ってインターネットで電子ビザを申請
自宅でデジカメで撮影
パシャ
おせんべ
大使館に出向かなくていいのは便利だな〜
一週間ほどで発給されました
日本の秋くらいの服とあとはプリ子ちゃんのものを持って…
おむつ
薄手の上着
長袖の服
プリントアウトしたビザ
おしりふき
日本国旅券
パスポート
おもちゃ
除菌シート
シールブック
変換プラグ
eチケットと現地で両替するためのドルも
2泊3日ウラジオストクの旅へ行ってきました！
ブーン
ウラジオストクはロシア極東に位置する人口約60万人の都市
シベリア鉄道の終着駅もここウラジオストクにあります
「東方を支配する」という意味の
ВЛАДЕТЬ + ВОСТОК が名前の由来
（支配する）（東）

※ダーチャ…郊外にある別荘。約半数のロシア人が持っている。

立派なキッズスペースがある！
木でできた立派な遊具
プリ子ちゃんも大喜びで遊びます
せっかくなので色々な料理を頼みました
キノコのキースリエ・シー
ピロシキ
ウハー（魚のスープ）
チキンソテー
このキースリエ・シー具だくさんでおいしい！
パンもずっしりしててロシアのパンて感じだね
子供向けの薄味の野菜スープ
おいしいね！ねえPさん！
そうですネェ
Pさんはふつうのテンション
久しぶりのロシアにテンションが上がるシベリカ子なのでした

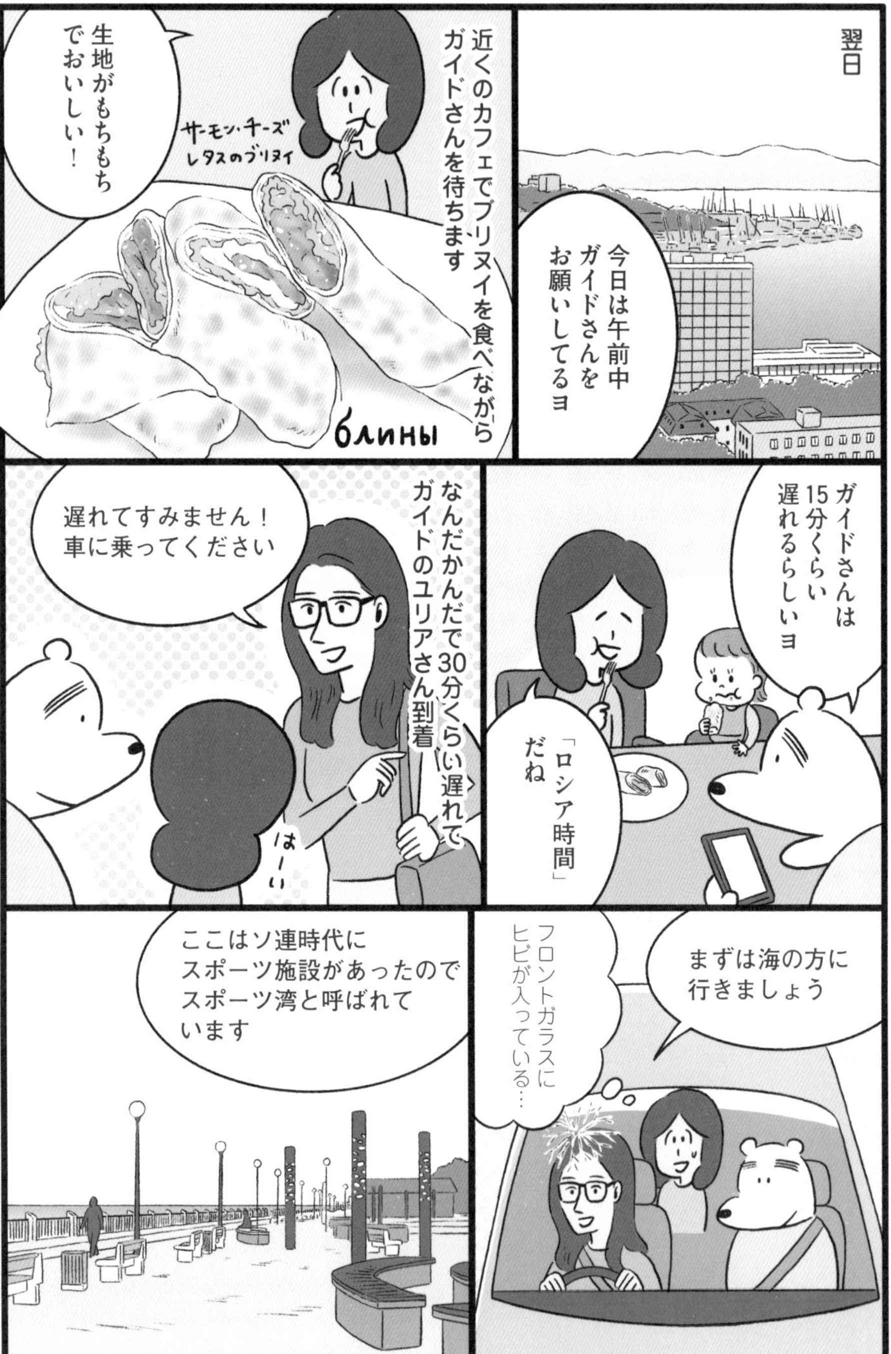
翌日
今日は午前中ガイドさんをお願いしてるヨ
近くのカフェでブリヌイを食べながらガイドさんを待ちます
サーモン・チーズ
レタスのブリヌイ
生地がもちもちでおいしい！
блины
ガイドさんは15分くらい遅れるらしいヨ
「ロシア時間」だね
なんだかんだで30分くらい遅れてガイドのユリアさん到着
遅れてすみません！車に乗ってください
はーい
まずは海の方に行きましょう
フロントガラスにヒビが入っている…
ここはソ連時代にスポーツ施設があったのでスポーツ湾と呼ばれています

あれは110年前に建てられた灯台で今も使われています
へえ～
スポーツ湾は冬は凍るので車で沖の方まで行けます
えっ それはちょっと怖いな
ユリアさんは昆布やワカメを食べまスか？
食べますよ 昆布は安いしサラダに入れたりしてよく食べます
あ！カキの殻みたいなのがたくさん落ちてる
満潮の時に流れてくるんです食べられますよ
ここは見晴らしのいい場所で…
ズドーーン
え!?
泳いでる人もいる！9月なのに暖かいでスね
最近は暖かいですね私が子どもの頃はもっと寒かったです

12時ですね
ダイナミックな知らせ方だわあ
びっくりした…
お昼を大砲で知らせてくれるようです
ここでガイドさんと別れ…
ダスビダーニャ！
(さようなら)
スパシーバ！
(ありがとう)
市場へやってきました
いろいろ売ってるね
やっぱり魚介類が充実してるね
極東ならではのアジアンテイストなお惣菜や…
「韓国風にんじん」という少し辛いサラダ
昆布のサラダ
のりまきのようなもの
日本の商品も充実しています！
どん
ドレッシングがこんなに…！
フレンチドレッシング
シーザーサラダ
イタリアンドレッシング
のり
おいしいマヨネーズ
ロシアはマヨネーズであえたサラダが多く、ドレッシングはあまり売っていない

P氏は好物の魚の燻製を購入
ピロシキだ！おやつに食べよう
ПИРОЖОК с капустой 35р
ПИРОЖОК с луком 35-00
ピロシキを食べながら街中をぶらぶら
東京から2時間と思えないくらいのヨーロッパ感だね
ロシアって感じですネ
ヒンカリの広告だ！
ЗАХОДИ
НА ХИНКАЛИ!
3 ХИНКАЛИ В ПОДАРОК
ウラジオストクでもジョージア料理は人気なんだね
そろそろ予約の時間ですナァ
じゃ行こっか

ペリメニ屋さんのペリメニ教室を予約していたのでした
こんにちは
ズドラーストヴィチェ（こんにちは）
ペリメニとは、小麦粉の生地で挽き肉を包んで茹でた水餃子のようなロシア料理
では早速はじめましょう
はい
今日は生地はあらかじめ用意してあります
作るのに時間がかかるので
生地は小麦粉、スメタナ、卵、水、塩を混ぜてよくこね、ラップに包んで30分置いて作ります
スメタナ
小麦粉
卵
塩
水
へ～卵も入れるんだ
薄く伸ばして7～8センチくらいの型で抜きます
具は、今日は鶏挽き肉、玉ねぎ、にんじん、塩コショウで作っていますが、肉は豚肉でも合い挽きでもお好みでいいです

皮の真ん中に具をのせて
ふたつ折りにして包みしっかり閉じたら
両端
両端をくっつけます
くるっ
くっつける
ペリメニっぽくなった!
塩を入れた熱湯で茹でたら
グツグツ
ペリメニの完成!
熱々のうちにバターやスメタナをかけていただきます
おいしいねぇ!
料理教室って後で食べる楽しみがあるからいいよね〜
おいしかった♪
わタシは料理の才能ないダから食べる方がいいですナ
よっぱらった人が道で寝ている

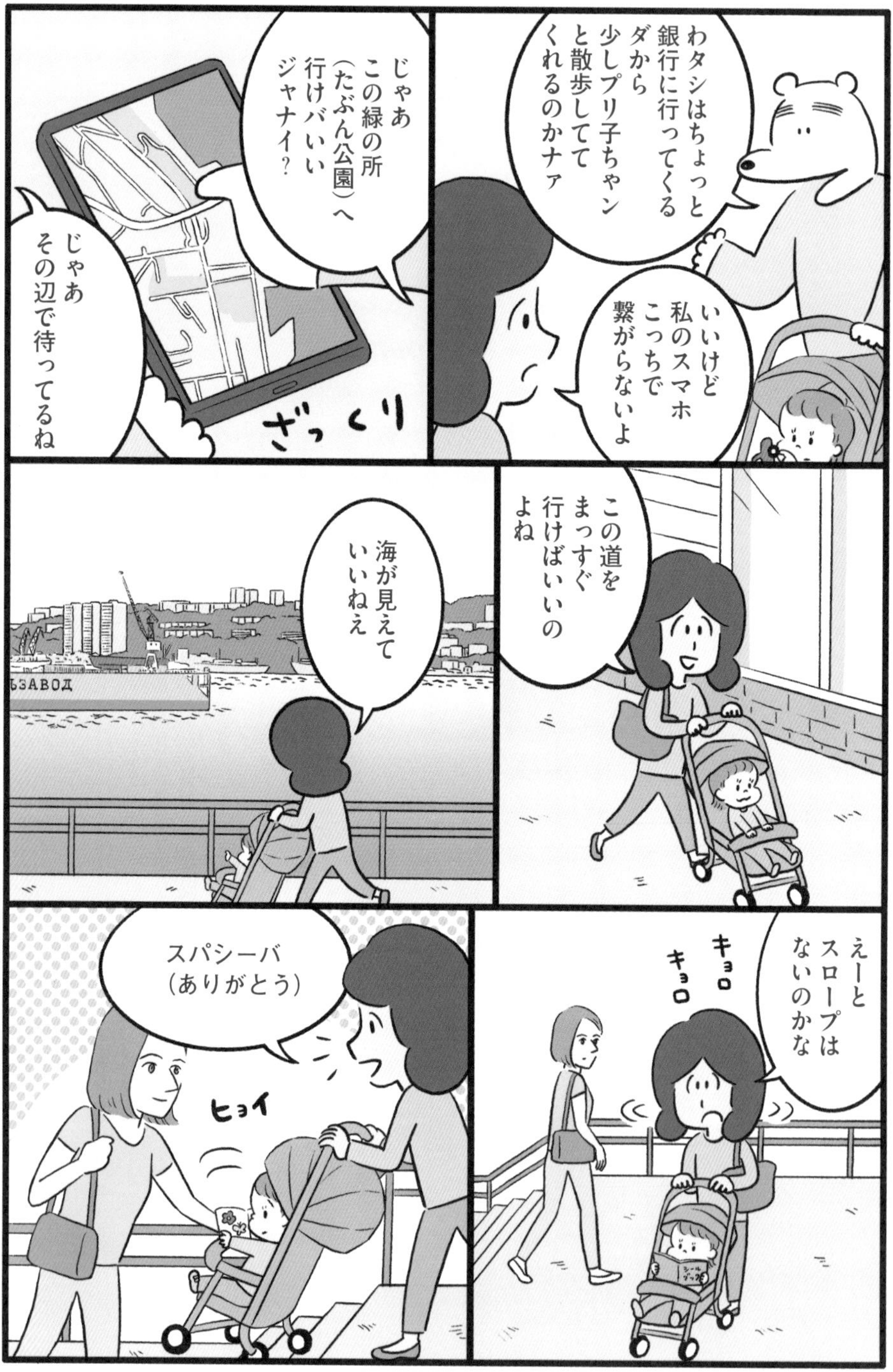
わタシはちょっと銀行に行ってくるダから少しプリ子ちゃんと散歩しててくれるのかナァ
いいけど私のスマホこっちで繋がらないよ
じゃあこの緑の所（たぶん公園）へ行けバいいジャナイ？
ざっくり
じゃあその辺で待ってるね
この道をまっすぐ行けばいいのよね
海が見えていいねえ
えーとスロープはないのかな
キョロキョロ
スパシーバ（ありがとう）
ヒョイ

大きな公園があるよ
7時過ぎでもまだ明るく、遊んでいる子どもがたくさん
海のモチーフの遊具がかわいい
こんな所まで来たナの
探したヨ
キャッ キャッ
キャー
Pさんと会う前はロシアなんて
全然興味なかったのに
今では自分から行きたいと思うように
なってこうして家族で来てるなんて
不思議な縁だなあ
また来ようね
楽しくてあっという間の
ウラジオストク旅行でした

ペリメニ
пельмени

【材料】 約25個分

強力粉	300g
水	100ml
卵	1個
プレーンヨーグルト	大さじ2
塩	小さじ1
お好みの挽き肉	200g
玉ねぎ	1/2個
にんじん	1/2本
ニンニク	ひとかけ(チューブの場合約3cm)
塩コショウ	少々

【作り方】

1
ボールに卵、ヨーグルト、塩を入れよく混ぜる。そこへ強力粉を入れ、水を少しずつ入れながらこねて生地をまとめる。ラップやふきんをかけて30分ほど生地を休ませる。

2
玉ねぎをみじん切り、にんじんはグレーターですりおろし(またはみじん切り)、ニンニクはすりおろし、挽き肉と合わせ、塩コショウで味付けし、よく混ぜる。

3
まな板などに打ち粉をふるい、1の生地を麺棒で厚さ2mmほどの厚さに伸ばし、5cmほどの丸い型で抜く。

4
3の生地で具を包み(半月型に包んだら、端と端をくっつけて丸くする)打ち粉をふるったバットなどに重ならないよう並べる。

5
鍋に塩をひとつまみ(分量外)入れたお湯を沸かし、ペリメニをひとつずつ入れ、くっつかないよう時々優しくかき混ぜる。浮き上がってから5分ほど茹でたら完成。お好みでサワークリームまたはバターなどをかけて。

ウラジオストクのスーパーで見かけた
謎のビール。味は意外とふつう。

エピローグ

リカ子ちゃん！こんなものが売ってたヨ！
え！シュクメルリ!?
ごはんにかける
シュクメルリ
チーズがとろり！
某牛丼チェーン店でシュクメルリ定食が、コンビニではレトルトのシュクメルリが発売されたりと、にわかにジョージア料理熱が高まっているようです
シュクメルリ
世界のスープ
シュクメルリ
ジョージアに行く前は日本でレトルトのシュクメルリが食べられるなんて思わなかったなあ
たしかにご飯に合う味付けになってる！
多分ジョージアの人に
日本ではシュクメルリはご飯と一緒に食べるんです
って言ったら
え…？何それ…？？
ってなると思うけど

食文化が海を越えて、その土地の解釈でちょっとヘンテコな化学変化を起こしているの、結構面白いなと思います
ロシアにおける独創的なスシ
ディルがまぶしてある
ごはんのお供として定着した和風ビーフストロガノフ
さて今日はピロシキ作ろっか
いっしょにつくろっか！
プリ子ちゃんも3歳になり一緒にお料理を楽しめるようになってきました
ピロシキって一口に言ってもロシア全土で色々な種類があるんだよね
包み方も味も中身もいろいろ
ウラジオストクに行った時も思ったけどロシアって本当に広くて文化も民族も宗教も様々だよね
まだまだロシアのほんの一部しか知らないんだなあ
ママみてみて!!
まあロシアは広すぎるダヨ一部を知ってルだけでも十分ジャナイ？

あ！油が足りない買いに行かなきゃ
なかなかいい
サラダ油
マスクしてっと…
新型ウイルスの流行で世の中の様子が変わってしまいました
マスク生活もすっかり当たり前になったなあ
ロシアはもちろん、海外へなかなか行けない日々が続き
ロシアも感染者多いらしいヨ
うん ニュースで見た
先が見えない漠然とした不安の中
もし自分や家族が感染したら…
これからどうなるのかな…
いつまで続くのかな…
友達には次はいつ会えるのかな…
自分の世界がどんどん縮んでいくような感覚を覚えつつ、この本を描きました
やっぱり漫画描いてる時が一番楽しいな

家にこもりながらも
頭の中はロシアやジョージア滞在時の
思い出で満たされていました
この通り よく歩いたな
あの料理 おいしかったな
経験が遠くに 連れて行って くれるんだなぁ
ウイルスの件に限らず、なかなか
先が見通せない世の中ではありますが
お〜 おいしそうな 色!!
ジュワ〜〜
この本が少しでも気晴らしに
なってくれたらうれしいです
ホカ
ホカ
ホカ
できた!
ロシアは広し、世界は広し!
おいしいね〜
おいし〜ねぇ〜
ピロシキって 悪くナイです よネ
またいつかどこかで会いましょう!

おいしいロシア おかわり

コミックエッセイの森

2021年9月22日　第1刷発行

著者
シベリカ子《こ》

装丁
小沼宏之

発行人
永田和泉

発行所
株式会社イースト・プレス
〒101-0051
東京都千代田区神田神保町2-4-7　久月神田ビル
TEL：03-5213-4700
FAX：03-5213-4701
URL：https://www.eastpress.co.jp/

印刷
中央精版印刷株式会社

ISBN978-4-7816-2011-4　C0095

Special Thanks
Russian Kitchen Sasha
桜木きぬ